La Bibliothèq
monde

Jean-Louis Bruguès

à Olivier Marlin,
l'hommage cordial
de

La Bibliothèque monde

La Vaticane et les Archives secrètes

+ Jean-Louis Bruguès op

Les éditions du cerf

Conception et réalisation : Bleu T

www.editionsducerf.fr
24, rue des Tanneries
75013 Paris

ISBN 978-2-204-11157-7

C’est un métier que de faire un livre,
comme de faire une pendule.

La Bruyère

Sommaire

Introduction

Si vous me faisiez l'honneur de visiter la Vaticane, après les salutations d'usage et le rappel des normes de sécurité, je vous conduirais à la Salle Sixtine, l'espace le plus vaste de Rome peint à fresques, à l'époque, en dehors des églises. Son nom lui vient du pape Sixte Quint, une forte personnalité qui ne régna que cinq années (1585-1590), mais laissa une trace de fer dans l'Histoire. Les parties supérieures racontent ses actions les plus diverses : il réorganise la marine pontificale après Lépante et remodèle de fond en comble l'urbanisme de la capitale de la chrétienté, créant des hôpitaux et des ponts (l'un d'eux porte encore son nom aujourd'hui), faisant jaillir des fontaines, traçant des rues et dessinant de nouvelles places, jusqu'à faire surmonter la fameuse colonne Trajane d'une immense statue de saint Pierre à l'occasion du Jubilé de 1585. On le voit déplaçant les obélisques de la vieille Rome, ici devant Santa Maria del Popolo, là au centre de ce qui allait devenir la grandiose place Saint-Pierre, pour en faire des éléments significatifs de cette esthétique de la ville qui fascinera le monde d'alors et lui servira de modèle. Qu'on ne le soupçonne pas pour autant de négliger ses devoirs de pasteur : il se fait représenter sous les traits d'un lion brandissant la foudre, selon des armes composées par lui-même, qui rassemble les brebis autour de lui et chasse les loups. Ne débarrassa-t-il pas la Ville des hordes de brigands qui l'infestaient alors ?

Il y avait là, depuis la fin du Moyen Âge, un immense espace laissé au divertissement : des balcons du palais ancien, la cour assistait à des fêtes comme on savait les donner en ces temps-là, mêlant défilés et carrousels, musique et feux d'artifice, pièces de théâtre enfin.
Voir encadré page 8.

Un vaste jardin à l'italienne s'élevait par degrés jusqu'à une immense scène désormais englobée dans les musées modernes.
Voir encadré page 9.

Vue sur le forum de Trajan, Rome (vers 1900).

Monogrammiste HCB,
Tournoi dans la cour du Belvédère au Vatican, gravure (*Stampe* VI.2[22]).

La cour du Belvédère au XVIe siècle

Cette gravure est due à un artiste inconnu qui devait travailler sous le pontificat de Pie IV (1559-1565). Deux raisons conduisent à la sélectionner. La Rome de l'époque savait organiser des fêtes splendides qui devaient servir de référence, plus tardivement, aux autres cours européennes. La gravure montre le tournoi organisé le 5 mars 1565 à l'occasion des noces du neveu de Pie IV – Annibal Altemps – avec Hortense Borromée, demi-sœur de celui qui deviendrait le modèle même de l'évêque, tel que l'avait dessiné le concile de Trente, saint Charles Borromée. Elle nous permet par ailleurs de comprendre la géographie. La vue est prise de l'emplacement qu'occupera l'aile construite par Sixte Quint : des jardins à l'italienne, s'élevant par degrés jusqu'à une vaste scène de théâtre qui subsiste aujourd'hui, au fond de la cour de la Pigne. Pour assister aux spectacles, la cour s'installait aux balcons qui font face ; la façade restée moyenâgeuse n'a pratiquement pas changé depuis lors. Au-dessous de ces balcons, dans des salles dont on n'aperçoit que le haut des fenêtres, Nicolas V installa la nouvelle Bibliothèque vaticane. Celle-ci se situait donc au rez-de-chaussée de l'ensemble qui allait de la tour Borgia au bras dit de Bramante ; on y accédait par la cour des Perroquets. Le manque d'espace pour les livres se fit rapidement sentir : il fallut occuper une partie des deux ailes du *Cortile del Belvedere* jusqu'à l'édification de la quatrième, là où se trouve la Salle Sixtine. Les Archives arriveront un peu plus tard, au début du XVIIe siècle. Ni elles ni la Vaticane n'ont plus bougé depuis, mis à part le traumatisme de l'occupation napoléonienne.

Cour du Belvédère

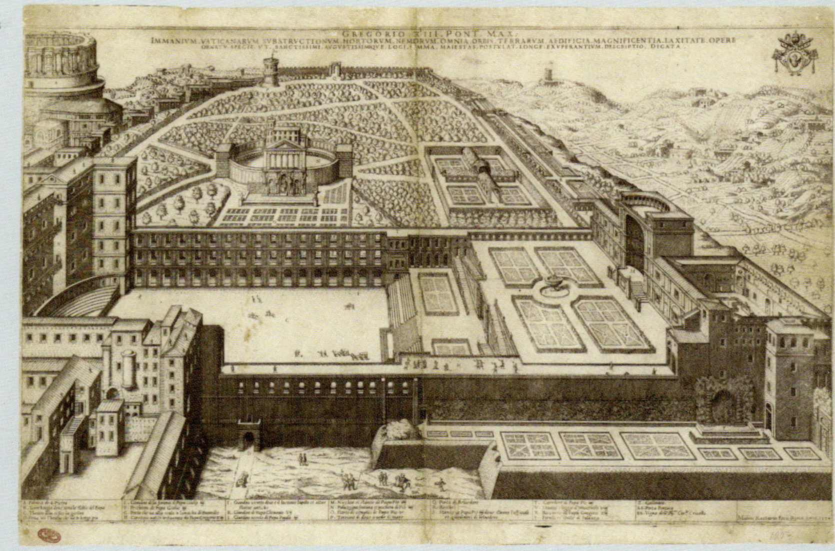

Maria Cartaro (1574), *Cour du Belvédère,* gravure (*Stampe* VI.2[66]).

Cette belle estampe, attribuée à Mario Cartaro (vers 1540-1620), complète heureusement la gravure précédente à laquelle elle est postérieure d'une vingtaine d'années. Lorsque j'accompagnais des visiteurs, je commençais par leur en faire voir une reproduction, parce que celle-ci permettait de bien comprendre la disposition de l'ensemble. La vue est prise précisément du côté par lequel on pénètre dans la cour du Belvédère, quand on vient de la porte Santa Anna. À gauche, la tour Borgia reste à peine visible. Le jardin initial comportait trois étages : Sixte Quint fit construire la dernière aile au ras du deuxième niveau. La Vaticane se trouve donc située entre deux jardins, le Belvédère et la Pigne. Une grotte par laquelle devaient s'échapper naïades et autres génies des eaux était placée sous la grande scène du troisième niveau. Elle existe toujours, transformée en bar pour le personnel : Rome, n'ayant jamais aimé les révolutions et leur lot inévitable de destructions (à l'inverse de la pratique française), préfère réutiliser sans cesse les legs du passé.

L'austère franciscain aurait affirmé que l'Église avait plus besoin de livres que de théâtre : il fit donc construire une quatrième aile qui barrait la perspective pour donner à la cour du Belvédère la forme d'un rectangle sévère, un peu triste même, surtout quand les voitures remplacent les parterres de fleurs.

Les travaux furent confiés à un architecte de renom : Domenico Fontana. Il est représenté, en 1589, à la mode espagnole, portant l'habit noir et la collerette de dentelles, agenouillé devant le pontife, mais gardant sur le côté son épée de chevalier et déployant sur ses genoux les plans du nouveau bâtiment.

Natale Bonifacio (1538-1592),
La Bibliothèque apostolique vaticane par l'architecte Domenico Fontana (*Stamp. Chig.* S.93, f. 86).

La Bibliothèque apostolique vaticane

Cette gravure et eau-forte de Natale Bonifacio date sans doute de 1590.
Elle montre la façade de l'édifice voulu par Sixte Quint, telle que l'on peut la voir encore de nos jours.
Elle s'articule autour de trois niveaux correspondant aux trois ordres de l'architecture. Le rez-de-chaussée, qui correspond aux anciennes écuries, reprend le modèle des deux ailes longitudinales. Les fenêtres des étages ont subi des modifications dont les dernières remontent au temps de Léon XIII, quand celui-ci décida d'ouvrir la Bibliothèque aux chercheurs qui souhaitaient y travailler : certaines ont été fermées, d'autres agrandies. L'entrée a été redessinée, il y a dix ans à peine. Il résulte de l'ensemble une impression d'austère élégance, comme il convient à un temple de la culture.

Le vieux pape l'écoute attentivement ; son doigt dressé montre qu'il pose des questions. Deux années seulement seront nécessaires pour mener à bien la construction, tandis qu'une trentaine d'artisans (ou une petite centaine, selon des sources différentes) travaillera sans relâche à la décoration.

On a dit que la Salle Sixtine était la plus prestigieuse de la Bibliothèque apostolique du Vatican (désormais BAV). Je crois surtout qu'elle nous conduit au cœur de son mystère. Sur la longueur de gauche sont représentées, non pas bien sûr avec un grand souci d'exactitude historique mais avec un vrai sens de la symbolique, les grandes bibliothèques qui jalonnent l'histoire de l'humanité : Hébreux, Babylone, Athènes, Alexandrie, Rome, Jérusalem, Césarée et enfin, la BAV. L'idée recherchée était de montrer que la dernière-née s'était efforcée de recueillir les immenses efforts de ses aînées pour donner à voir les multiples éclats du génie humain.

La Bibliothèque apostolique vaticane est ainsi une bibliothèque humaniste.

Pour justifier cette appellation, il convient de remonter aux origines. La BAV fut fondée peu avant 1450 (on ne connaît pas la date exacte) par le premier pape humaniste de la Renaissance italienne. Avant d'être élevé au siège de Pierre sous le nom de Nicolas V (1447-1456), Tommaso Parentucelli avait été appelé par les Médicis de Florence qui lui demandèrent de créer là une bibliothèque comme on n'en avait jamais encore vu, une « bibliothèque moderne » en

Pietro Faccheti, *Domenico Fontana montrant à Sixte Quint le projet de la nouvelle Bibliothèque* (huile sur toile).

Dionysii areopagite athenensis epi
ad Timotheum epm ephesinum de
diuinis nominibus incipit feliciter.
compresbitero Timotheo Dionysius
presbiter. Quenam sit intentio ope
ris: et que de diuinis nominibus
tradita sunt.

UNC IAM Vir
dei post theologica
rum hypotyposeon
librum ad explican
da pro uiribus diui
na nomina transea
mus. Sit autē mo
do quoque nobis ea que semper desti
natio. sancte scripture legibus obse
quens: eorum que de deo dicuntur
tueri ueritatem: non in persuasibilib
humane sapientie uerbis: sed in o
stensione uirtutis theologorum a scō

somme, la première du genre de celles que nous fréquentons aujourd'hui. Le lieu choisi fut le couvent de Saint-Marc qui, passé depuis peu des mains des sylvestrins à celles des dominicains réformés venus de Fiesole, se trouvait alors en pleine réfection. Pendant plusieurs années se côtoyèrent là l'homme du savoir et le prêcheur des couleurs. Sur les parois arides des cellules monastiques, Jean de Fiesole, plus connu sous le nom de Fra Angelico, illustrait, en des fresques qui constituent autant de chefs-d'œuvre, les mystères de la vie du Christ. Il faut croire que les deux hommes s'apprécièrent. Élu pape, Nicolas V demanda au peintre de le rejoindre à Rome et lui confia la décoration d'une partie de ses appartements. Cette collaboration marqua, j'en suis certain, ce qu'on pourrait appeler l'ADN de notre institution : rigueur scientifique et splendeur artistique.

Le caractère humaniste de notre Bibliothèque s'apprécie de plusieurs manières. D'abord par son contenu. Après avoir donné ses manuscrits personnels, Nicolas V envoya ses émissaires acquérir les ouvrages les plus significatifs de la culture d'alors, de telle sorte que la Bibliothèque en comptera mille deux cents à sa mort, ce qui était déjà considérable. Se constituèrent d'abord un fond latin et un fond grec ; un peu plus tard, un fond hébreu ; plus tard encore, un fond arabe qui reste l'un des plus importants aujourd'hui encore, avant que ne fleurissent, à l'époque contemporaine, des fonds divers relevant des civilisations asiatiques. Il y a quelques années à peine, reprenant la vieille pratique impériale qui voulait que la dynastie nouvelle rassemblât en un unique ensemble les écrits de la dynastie précédente, une université de Pékin, derrière laquelle il n'était pas difficile de deviner la main du pouvoir, sollicita la possibilité de numériser les mille deux cents manuscrits et livres anciens que possédait la BAV pour compléter ainsi le corpus des dynasties Ming et Qing, bien qu'il n'y eût pas de relations diplomatiques entre la Chine communiste et le Saint-Siège. Il existe donc une diplomatie du livre, ce sur quoi il faudra revenir… Certes, plusieurs bibliothèques l'emportent en taille et en ressources : avec ses cinquante-quatre kilomètres de rayonnages, la Vaticane ne saurait rivaliser avec celles de Londres, de Paris ou de Washington. En revanche, elle soutient avantageusement la comparaison pour les manuscrits anciens dont le nombre dépasse les quatre-vingt mille, ou même les incunables (environ 9 200), sans oublier sa somptueuse collection de médailles, unique au monde.

La Vaticane n'est pas une bibliothèque ecclésiastique, comme on peut en trouver dans les séminaires et les facultés, même si les ouvrages de théologie, de philosophie et de droit canon y abondent. Je me rappelle l'émotion qu'éprouvèrent les membres de la Commission théologique internationale lorsque, au cours d'une visite récente, leur fut montré un texte autographe de Thomas d'Aquin. Les ouvrages collectionnés couvrent le plus large éventail des activités humaines :

Le pape Nicolas V, fondateur de la Bibliothèque vaticane, entouré d'ouvrages et représenté dans un codex réalisé pour lui, sous les traits de l'auteur du *Corpus Dionysianum*, XVe siècle (*Vat. lat.* 171, f. 138v).

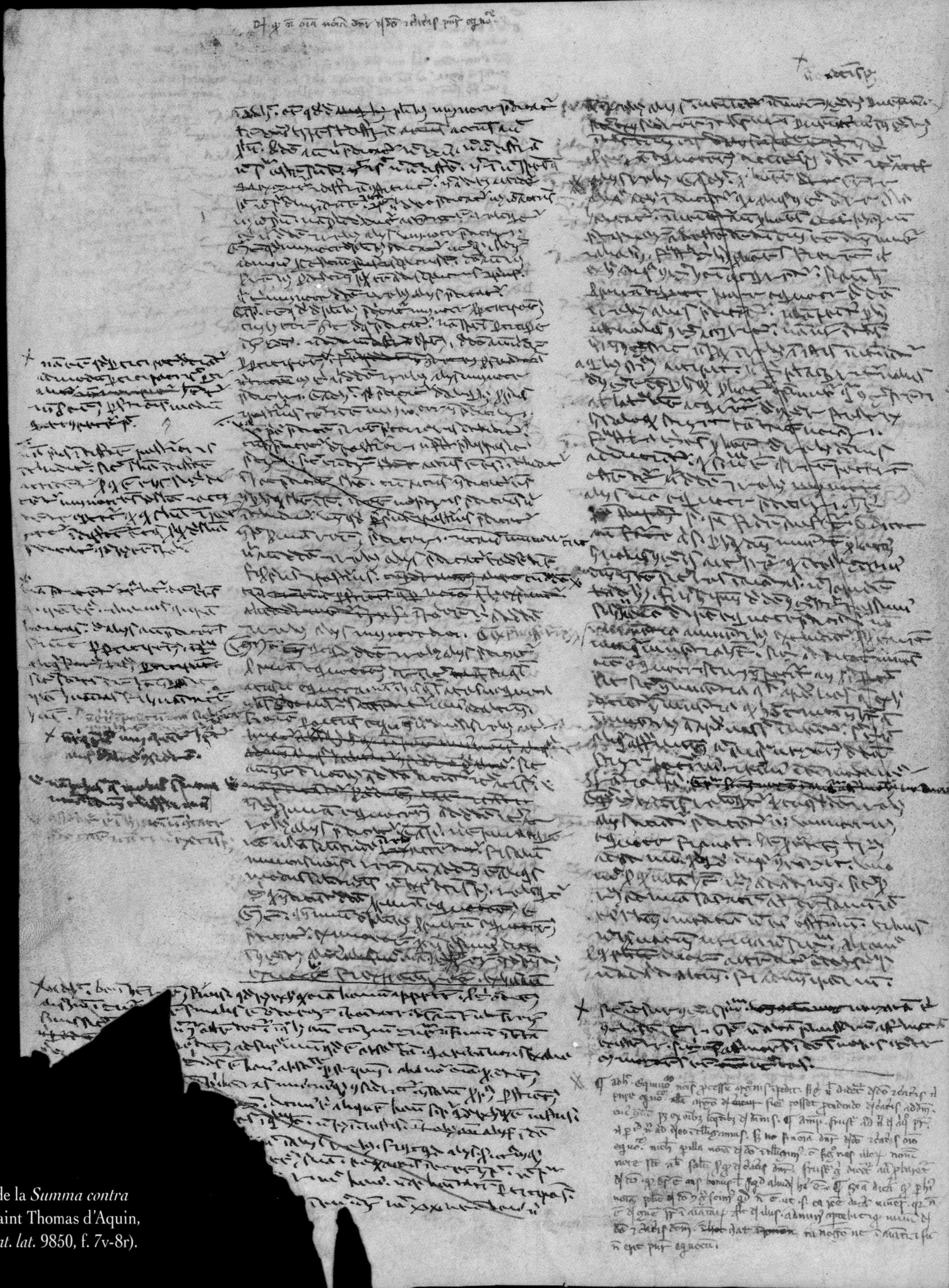

Autographe de la *Summa contra Gentiles* de saint Thomas d'Aquin, XIIIe siècle (*Vat. lat.* 9850, f. 7v-8r).

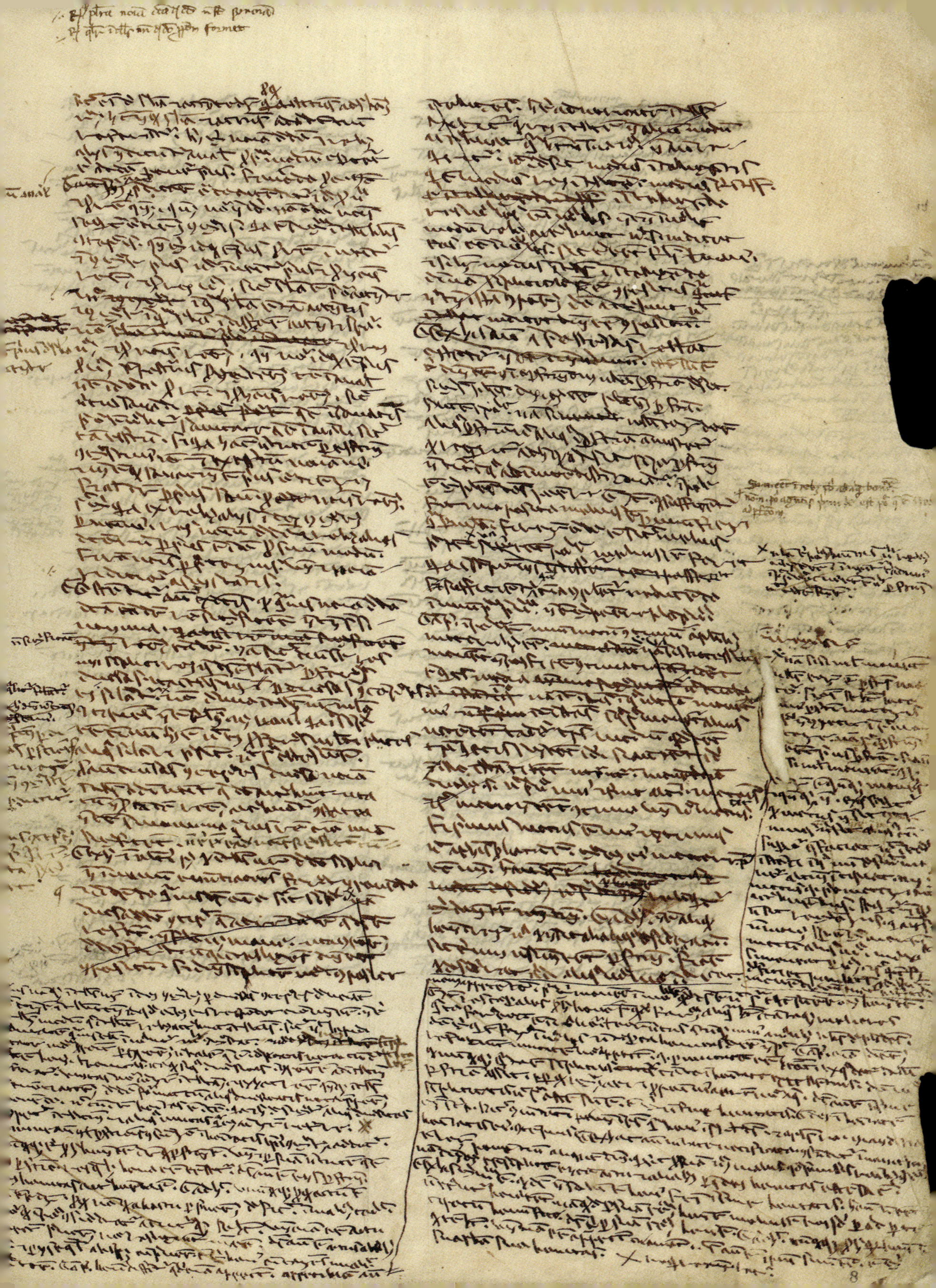

[illegible]

médecine, science, astronomie, mathématiques, histoire, géographie, littérature et art (notamment pour le dessin et la musique). Une bibliothèque tire toujours de ses trésors du neuf et du vieux. La nôtre s'enorgueillissait de posséder le fameux *Codex Vaticanus*, le plus ancien manuscrit complet de la Bible en grec, présent ici dès la fin du XVe siècle. Comme on le verra plus loin, la générosité d'une famille fit entrer, il y a dix ans à peine, le papyrus Bodmer XIV-XV (désormais appelé « Hanna 1 ») qui conserve une bonne partie de l'évangile de Luc et de celui de Jean, tandis que la BAV possédait depuis 1969 un autre papyrus contenant des extraits des épîtres de Paul et de Pierre (le Bodmer VIII). Ce sont les plus vieux documents du Nouveau Testament connus à ce jour ! Il n'est pas si rare de redonner la lumière à des textes dont on ignorait complètement l'existence. C'est ainsi qu'ont été redécouvertes diverses parties perdues du livre VI de *La République* de Cicéron, le manuscrit autographe de l'*Athéisme triomphant* de Thomas Campanella, ou encore l'unique manuscrit de l'*Éthique* de Spinoza. Plusieurs partitions composées à Rome par le jeune Haendel viennent de faire l'objet d'une audition publique après trois siècles d'ensevelissement. Récemment encore, l'investigation de nos chercheurs a permis de mettre plus d'une centaine de dessins du Bernin et de son école à la disposition du public dans un ouvrage somptueux. J'en suis persuadé : gisent encore chez nous des trésors oubliés et dans une sorte de saut dans un futur inconnu, je m'associe déjà à la joie de ceux qui les « rendront » à leurs vrais destinataires, le public cultivé de toutes les époques.

On a parlé de trésors. Quand le pape Benoît XVI, auquel ces lignes voudraient rendre hommage, me fit appeler en mars 2012, avant de me nommer Archiviste et Bibliothécaire de la Sainte Église Romaine, il me fit deux confidences : « J'aurais souhaité occuper ce poste moi-même, commença-t-il par me dire, si mes frères cardinaux n'en avaient décidé autrement » ; puis il ajouta : « Je vous confie les trésors de l'Église » (le mot employé par lui était plus précisément « joyaux », comme on parle des joyaux de la couronne). Le terme peut étonner : les vrais trésors de l'Église sont d'abord les saints, les sacrements ou éventuellement les pauvres. Il est pourtant justifié. L'écrivain latin Térence disait que « rien de ce qui est humain ne m'est étranger ». Ceci est encore plus vrai pour l'Église : en ses multiples nuances, l'humain lui parle de Dieu, parce que l'humanité a été créée à l'image de Dieu. On peut alors voir dans notre Bibliothèque la mémoire non seulement de l'Église, mais de l'humanité tout court. Une grosse maison japonaise avait mis une forte somme à la disposition de la BAV, afin de l'aider dans sa coûteuse entreprise de numérisation des manuscrits anciens. Après le repas qui concluait notre échange, je me suis retrouvé en tête-à-tête avec le président-directeur général : j'osais lui adresser des questions directes, ce qui n'est guère conseillé de faire avec un peuple si réservé, si délicat.

Je lui demandais d'où venait une telle générosité :

– « Êtes-vous chrétien ?

– Non, répondit-il, et je ne connais aucun chrétien parmi mes collaborateurs. Peut-être même aucun chez les ouvriers.

– Alors, insistais-je, pourquoi cette magnificence ?

– Depuis plusieurs années, m'expliqua-t-il, notre entreprise a pris l'habitude de consacrer une partie non-négligeable de son budget à des causes humanitaires. Quand nous avons compris que la Vaticane avait reçu en quelque sorte la garde de la mémoire d'une bonne partie de l'humanité, il nous a semblé qu'il y avait là une cause prioritaire. La mémoire ne conditionne-t-elle pas l'avenir ? »

Humaniste, la Vaticane l'est aussi dans sa politique d'accueil. Il s'agit d'une bibliothèque scientifique : elle n'est pas ouverte au grand public, mais seulement aux chercheurs ayant déjà obtenu un doctorat, recommandés par une autorité académique. Selon la volonté expresse de son fondateur, elle est mise au service des chercheurs du monde entier, quelles que soient leurs convictions personnelles, en particulier religieuses. Du temps où les protestants n'avaient pas le droit de posséder un logement à Rome, le règlement interne précisait que ces mêmes hérétiques pouvaient poursuivre leurs recherches en ce lieu. Chaque année, entre quatorze et quinze mille chercheurs viennent travailler à la BAV et presque deux mille aux Archives. Le nombre ne devrait guère augmenter dans l'avenir, dans la mesure où les manuscrits numérisés sont mis en ligne gratuitement, accessibles donc à un public qui aura de moins en moins tendance à se déplacer.

Retournons sur nos pas. Le côté gauche de la Salle Sixtine nous a entraînés dans une sorte de périple à travers l'Histoire ; il illustre surtout la philosophie de la maison, car il est percé de hautes fenêtres donnant sur la cour du Belvédère. Tout cela a été pensé. Le livre, en effet, ne nous enferme pas dans les limites mesquines de son format : comme à travers une lucarne, il nous ouvre sur le monde et nous aide à *bel-vedere* que l'on peut traduire par « bien voir » ou « voir ce qui est bel et bon ». Il communique à celui qui se confie à lui non seulement un savoir, mais un éventail d'expériences qu'un individu seul ne pourrait jamais découvrir par lui-même ; il est une fenêtre sur l'Autre. Qui dit expérience, dit aussi sagesse et aisance dans l'art de conduire sa propre vie. On ne « s'enferme » jamais dans une bibliothèque, malgré l'expression usuelle, dans un savoir dédaigneusement qualifié de livresque ; ceux qui parlent de la sorte n'ont jamais aimé les livres : en parcourant les rayonnages, c'est tout le vaste monde qui est exploré. Brigitte de Suède le reconnaissait de manière délicieuse : « Un livre est comme un jardin que l'on peut mettre dans sa poche. »

On s'interroge de plus en plus sur l'utilité et l'avenir du livre tel que nous le connaissons depuis l'aurore des temps modernes. L'informatique donne accès à toutes les informations du monde. Alors que dans

Pages suivantes :
Salle Léonine, actuelle salle de lecture des imprimés ; dans le fond, statue de saint Thomas d'Aquin, réalisée par Cesare Aureli et offerte par les séminaires catholiques à Léon XIII lors de son jubilé sacerdotal (1887).

le métro parisien, on trouve encore des voyageurs lisant un journal ou un roman, rien de tel dans celui de Séoul, de Tokyo et de Taipei, quand chacun s'absorbe sur sa tablette ou son portable comme j'ai pu le constater lors des multiples voyages auxquels j'étais contraint en tant que Bibliothécaire. Je vois bien les immenses avantages apportés par la numérisation : mieux conserver ce que le temps risque de corrompre à jamais et mettre à la disposition d'un plus grand nombre. En ce sens, la numérisation est une discipline démocratique. Aussi, notre Bibliothèque s'est-elle engagée depuis plusieurs années à numériser ses manuscrits anciens. L'imprimé est-il condamné à disparaître pour autant ? Je n'ose le croire, car un livre peut devenir un ami jusque dans son « corps », son odeur, sa texture, sa forme et sa patine, la place qu'il occupe dans notre bibliothèque, dans notre cœur enfin. Son « physique » importe, sa parole apporte la consolation à celui qui est affligé, la distraction à qui est fatigué, le conseil à qui s'interroge, en un mot, il fait *bel-vedere*, comme il a été dit tantôt. Le monstre froid de l'informatique nous fait accéder, certes, mieux que le papier, et de manière plus rapide, à l'immense univers des données, mais à quoi bon s'il ne nous aide pas à bien vivre ? On clique et l'on vous inonde de nouvelles dont beaucoup sont insignifiantes ou même infondées, depuis que la post-vérité semble accompagner désormais la postmodernité. On ouvre un livre et la page imprimée, quelquefois odorante ou délicieusement décorée, fait pénétrer derrière le miroir. L'information contre la formation, en somme ; les « data » contre la culture.

Ces amis qui nous ont précédés dans le temps, ces maîtres qui n'attendent qu'un signe de notre part, comment pourraient-ils nous rejoindre pour enchanter notre existence, sinon par le livre, ce pont jeté par-dessus les siècles ? Comme l'exprime Carlos Ruiz Zafón dans un roman captivant : « Chaque livre, chaque volume que tu vois, a une âme. L'âme de celui qui l'a écrit, et l'âme de celui ou de ceux qui l'ont lu, ont vécu et rêvé avec lui. Chaque fois qu'un livre change de mains, que quelqu'un promène son regard sur ses pages, son esprit grandit et devient plus fort » (*L'Ombre du vent*).

Une nouvelle tendance est en train de naître, mais il est encore trop tôt pour distinguer l'effet de mode de la promesse de lendemains durables. Dans les gares, les « relais de livres » sont toujours encombrés de voyageurs en attente où les jeunes ne sont pas les moins nombreux qui consultent et effeuillent les ouvrages exposés. Les cafés, restaurants et hôtels « branchés » mettent des livres à la disposition de leurs clients. Les livres s'offrent ainsi pour un nouveau compagnonnage à ceux qui avaient eu tendance à les délaisser.

L'histoire des bibliothèques n'a rien d'un long fleuve tranquille. La conservation des écrits se heurte à des difficultés redoutables. Certaines sont liées à des problèmes techniques, telles que la température, le degré d'humidité ou les parasites ; d'autres relèvent des malheurs de l'histoire : incendies, dispersion, destructions volontaires… Lorsqu'il voulut atteindre l'âme polonaise, Hitler donna l'ordre d'écraser la bibliothèque de Varsovie. En 2013, j'avais été invité par le gouvernement serbe à Belgrade pour signer un accord entre la Bibliothèque apostolique et la Bibliothèque nationale de Serbie. Mes interlocuteurs racontèrent avec émotion comment les bombes allemandes de 1941 provoquèrent un feu long de sept jours qui réduisit en cendres le bâtiment et son contenu. Ils me demandèrent de rechercher chez nous ce qui leur aurait permis de reconstituer quelque chose du puzzle de leur mémoire disparue. La Vaticane devient de la sorte, sans l'avoir recherché, une sorte de bibliothèque-mère pour de nombreux établissements suppliciés par l'Histoire, lui conférant même une mission œcuménique inattendue, lorsqu'il s'agit de nations orthodoxes. La France n'a pas été en reste dans la barbarie. Maître de Rome, Napoléon donna l'ordre d'envoyer à Paris les archives et les manuscrits les plus précieux de la Bibliothèque du Vatican, avant que le Congrès de Vienne n'en ordonnât le rapatriement… Grand soleil et intempéries, traversée des rivières sur des charrettes, sans oublier la cupidité humaine qui fit disparaître la plupart des médailles d'or : on imagine sans peine le martyre enduré par ces témoins de la mémoire universelle. Plusieurs ouvrages demeurèrent malgré tout dans les bibliothèques françaises. Faudrait-il pour autant remettre en question les acquisitions dues aux violences militaires ? On ouvrirait alors des discussions sans fin… Bibliothèques et archives sont ainsi devenues des symboles de l'identité sociale exposées, à ce titre, aux conflits de nature idéologique.

Moins meurtriers, mais également ravageurs, des conflits internes endeuillent régulièrement la mission humaniste de notre Église. Un certain romantisme de la pauvreté la pousse, de manière récurrente, à se débarrasser de ces « signes de richesse et de pouvoir ». Son histoire est ainsi jalonnée de manifestations anti-intellectuelles ou anti-humanistes qui proposent de faire simple et de délaisser l'inutile fardeau de la culture, comme si celle-ci était devenue un obstacle pour la foi. « À quoi bon savoir tout cela ? me demanda un jour une personne auprès de qui j'évoquais la richesse et donc la nécessité de la culture chrétienne. Il suffit d'avoir la foi, et la foi est faite pour les gens simples. » Je suis resté sans parole devant tant d'ingénuité, de naïveté peut-être, comme si la foi ne s'était pas incarnée dans des cultures différentes au cours de l'Histoire, comme si toute démarche visant à nous approprier cette même foi n'était pas, elle aussi, culturelle !

Il est de plus en plus fréquent que les chefs d'État ou de gouvernement, ou encore des personnalités célèbres, après avoir rendu une visite officielle au Saint-Père, puis au Secrétaire d'État, manifestent le désir de venir chez nous. Ils ont entendu parler des trésors qui nous ont été confiés, à moins

qu'ils ne souhaitent consulter des ouvrages racontant l'histoire de leur propre pays. Ils interrogent leur mémoire afin de mieux saisir leur identité et d'affronter l'avenir avec plus d'assurance. Se développe ainsi une sorte de diplomatie parallèle, inconnue du grand public. Le livre ne permet-il pas de construire des ponts là où tant d'autres activités humaines auraient plutôt tendance à construire des murs ? Cette « diplomatie » s'appuie aussi sur les nombreuses expositions internationales, entre douze et dix-neuf, chaque année, auxquelles participe la BAV et qui la rendent présente sur tous les continents, à l'exception notable de l'Afrique. Il n'est pas rare enfin que de jeunes institutions, encore mal assurées, comme les archives du Chili ou de l'Uruguay, ou encore des bibliothèques nationales du Costa Rica, de la Serbie et même de Cuba la communiste, nous demandent

de recevoir leurs spécialistes pour qu'ils complètent leur formation chez nous et découvrent nos techniques de conservation et de restauration. Hélas, la faiblesse des effectifs de notre personnel ne permet pas toujours de répondre à ces demandes, quand nous souhaiterions être plus généreux… Un phare modeste, et même pauvre, certes, mais tenace et fidèle, pour servir de repère aux fervents de l'humanisme universel.

La raison à gauche, la religion à droite. L'autre côté de la Salle Sixtine donne sur le Cortile della Pigna, un fruit présenté comme symbole de la sagesse depuis l'Antiquité. À quoi donc « sert » la foi religieuse ? À regarder du côté de la sagesse et à s'en laisser imprégner, afin de vivre à la plus grande profondeur de l'existence. Sur les parois, se trouvent ainsi évoqués les conciles œcuméniques des premiers siècles : Nicée,

Giovanni Battista Pozzo,
Le concile d'Éphèse (Salle Sixtine).

Éphèse, Chalcédoine, Constantinople en leurs diverses moutures. Là encore, l'imagination des peintres fit des prouesses. Invité par une université du lieu, il y a deux ans, je me suis rendu dans l'ancienne église de la Sainte-Paix à Istanbul, que les habitants désignent plus communément sous le nom de Sainte-Irène : l'histoire moderne en a fait un musée, c'est-à-dire l'exact contraire de sa destination première. Me servant des fresques de la Salle Sixtine, je me suis mis à reconstituer mentalement le cadre primitif, avec son mobilier, ses chaires, ses riches tentures et les sièges des évêques : le livre y figure en bonne place, toujours ouvert et trônant au milieu de l'assemblée, quand il s'agit de la Parole de Dieu, tandis que les commentaires restent fermés et disposés sur des tables, comme autant d'instruments de travail. Toutefois, il serait erroné, comme on le fait trop souvent de nos jours, de présenter le christianisme comme une « religion du livre », à l'instar de l'islam. Chez le premier, le livre n'est qu'un support qui vise à ouvrir l'esprit et le cœur à l'œuvre de l'Esprit Saint. En elle-même, la lettre tue ; l'Esprit seul fait vivre (2 Corinthiens 3, 6).

Il reste que, dès ses origines, l'Église a eu la passion des écrits. Il s'agissait de recueillir et de transmettre les propres paroles de son fondateur, son enseignement, ses *acta* et *passa*, pour parler comme les théologiens médiévaux, mais encore les premiers pas de l'Église naissante, car on percevait bien que ces divers éléments allaient devenir normatifs pour les générations futures. Parallèlement à ces textes fondamentaux, les papes ont pris l'habitude de garder dans leur *scrinium* personnel les *gesta martyrum*, les codex liturgiques, les mémoires de consécrations épiscopales, les donations faites à l'Église. Ces documents s'enrichirent au fur et à mesure que se déployait le rôle du Pontife romain, comme souverain entretenant des relations avec de nombreux pays, et surtout comme chef d'une Église qui prenait de plus en plus au sérieux l'appel de son Seigneur à annoncer l'Évangile à tous les peuples de la terre. Il faut attendre le pape Paul V, en 1611-1612, pour que les divers fonds existants en plusieurs sites soient regroupés dans ce qui est aujourd'hui l'Archive Secrète du Vatican (désormais ASV). L'appellation en a fait fantasmer plus d'un, notamment des romanciers qui, comme Dan Brown, n'ont jamais mis les pieds dans la maison, mais ont exploré, avec le succès financier que l'on sait, l'idée loufoque du complot et des secrets planétaires que l'Église chercherait à dissimuler à tout prix. La réalité est plus prosaïque et moins romanesque. Du latin *secretum*, le terme « secret » désigne tout simplement le meuble dans lequel étaient disposés les documents ; le français utilise ce même terme pour des meubles qui connurent une grande vogue au XIXe siècle. Il signifie que l'archive se trouve à la disposition du pape, à la fois pasteur et chef d'État. Avec ses quatre-vingt-sept kilomètres de rayonnages et ses millions de documents, dont tous ne sont pas encore répertoriés, les

Réserve souterraine des Archives secrètes.

Archives Secrètes du Vatican, ouvertes régulièrement aux chercheurs depuis Léon XIII, sont devenues les plus riches du monde.

À gauche donc, la saga de la raison humaine. À droite, la progression dans la compréhension de la foi chrétienne qui procède habituellement, non par ruptures et retour aux origines, mais par approfondissement de l'exégèse et de l'herméneutique, car il n'est pas vrai que l'origine soit toujours pure et l'histoire toujours impure, comme si l'évolution impliquait nécessairement une dégradation. Or, chaque fresque se trouve placée dans un vis-à-vis exact avec celle qui lui fait face : une bibliothèque, un concile ; une bibliothèque, un concile… On comprend que chacune de ces activités, la raison et la foi, n'a pu progresser dans son domaine propre qu'avec l'appui de l'autre. Un exemple récent illustre bien ce besoin d'échange mutuel ; même s'il est tiré de la vie politique, il vaut pour les autres activités humaines. En 2010, il m'avait été demandé d'accompagner le pape Benoît XVI en Grande-Bretagne. Dans la salle historique du Parlement de Westminster, devant ce que le pays comptait d'élites, le pontife avait longuement évoqué à sa manière, simple et profonde, ce dialogue dont notre temps éprouve un besoin pressant : « Le rôle de la religion dans le débat politique n'est pas tant de fournir des normes, comme si elles ne pouvaient pas être connues par des non-croyants – encore moins de proposer des solutions politiques […] –, mais plutôt d'aider à purifier la raison et de donner un éclairage pour la mise en œuvre de celle-ci dans la découverte de principes moraux objectifs. Ce rôle "correctif" de la religion à l'égard de la raison n'est toutefois pas toujours bien accueilli, en partie parce que des formes déviantes de religion, telles que le sectarisme et le fondamentalisme, peuvent être perçues comme susceptibles de créer elles-mêmes de graves problèmes sociaux. À leur tour, ces déformations de la religion surgissent quand n'est pas accordée une attention suffisante au rôle purifiant et structurant de la raison à l'intérieur de la religion. Il s'agit d'un processus à deux sens. » L'agencement de la Salle Sixtine illustre ainsi ce à quoi les modernes sont devenus très sensibles, le dialogue entre foi et raison ou, comme on disait à l'époque, entre doctrine et culture.

Comment un tel dialogue a-t-il été rendu possible ? Là encore, l'agencement de l'espace apporte une réponse qui ne laisse pas de nous intéresser. La Salle est divisée en deux nefs parallèles, un peu à la manière des églises dominicaines primitives, comme on peut le voir encore aux Jacobins de Toulouse ou d'Agen.

Au centre, une allée de piliers qui soutiennent l'ensemble sur lesquels sont représentés les inventeurs des alphabets de la terre. Sur le premier, enfoncé dans le mur, Adam, le père des humains ; le deuxième porte sur les grandes figures de la Bible, telles qu'Abraham, Moïse et Esdras ; le troisième est consacré à l'Égypte, le quatrième à la Phénicie, le cinquième aux Grecs, avec

Esdras rendant la bibliothèque juive aux Hébreux (Salle Sixtine).

BIBLIOTHECA
HEBRAEA
ESDRAS·SACERDOS·ET·SCRIBA
BIBLIOTHECAM·SACRAM·RESTITVIT

Vue d'ensemble de la Salle Sixtine

Le dessin de Marchi, *Veduta del Salone Sistino*, date de la moitié du XIXe siècle. Il montre le pape Pie IX, entouré de cardinaux et de prélats, en train de recevoir un don. De fait, la Salle conserve encore des cadeaux prestigieux, comme on aimait les faire en ce temps-là : deux tables massives offertes par Joseph II à Pie VI qui avait fait le déplacement jusqu'à Vienne pour convaincre l'empereur de modérer sa volonté de réformer l'Église autrichienne dans un sens plus conforme à l'esprit des Lumières (sans succès !) ; une gigantesque vasque d'albâtre envoyée par le khédive d'Égypte ; un grand vase de Sèvres et deux candélabres que Charles X avait fait réaliser pour son sacre, puisque le mobilier liturgique de la cathédrale de Reims avait été presque totalement anéanti par la Révolution ; un beau christ en malachite donné par un cousin du tsar, car, à la suite de Paul Ier qui rencontra le pape à Rome même, une partie de la famille impériale russe se disait toujours attachée à un rapprochement avec l'Église romaine ; deux vases en porcelaine du très protestant roi de Prusse... En ne respectant pas l'échelle, puisque les personnages sont représentés beaucoup plus petits, Vincenzo Marchi rend la Salle extraordinaire de hauteur, presque écrasante. En réalité, un homme dépasse d'une bonne tête les coffrages de bois peint qui entoure la base des six piliers. Les couleurs de ces boiseries ont servi de référence pour de nouveaux rayonnages (toujours l'obsession de l'espace pour les livres qui arrivent sans cesse, telle une inexorable marée !) et le mobilier d'étude, car la Salle est devenue ouverte aux chercheurs depuis peu. Les belles perspectives en ont été profondément affectées ; on peut le regretter.

Vincenzo Marchi (1818-1894),
Vue d'ensemble de la Salle Sixtine
(*Disegni Generali* 2).

notamment Pythagore, le sixième enfin aux Latins et aux modernes, parmi lesquels sont mentionnés l'Arménie et les Goths. Le dernier pilier, en exact parallèle avec le premier, lui aussi à peine détaché de la paroi, porte le Christ en majesté, nouvel Adam, Alpha et Oméga, dans la posture du Maître qui enseigne. Si les figures relèvent de la plus gracieuse fantaisie, les inscriptions en diverses langues sont, elles, pour la plupart, tout à fait exactes… à l'exception des propos attribués à Adam. Elles annoncent la diversité des trésors de la Bibliothèque.

Le bibliothécaire du patriarcat de Bucarest avec lequel nous entretenons d'excellentes relations nous rendit visite il y a peu. Il me faisait gentiment remarquer qu'il manquait quelque chose aux interprétations que je suggérais ; il m'invitait à lever les yeux. Le plafond de la Salle Sixtine n'offre pas une surface plane, comme il en va dans les basiliques romaines anciennes, mais voûtée. Dans un ouvrage au ton sarcastique, Julien Gracq comparaît le panorama urbain de Rome à une pâte qui n'aurait pas réussi à lever, se contentant de faire émerger des bulles comme prêtes à éclater, les dômes de ses nombreuses églises baroques. On peut voir les mêmes réalités avec plus de sympathie, sinon de poésie. La coupole ou, plus généralement, la forme courbe évoque le rôle maternel de l'Église qui, à la manière d'une poule, prend ses poussins sous la protection de ses ailes (voir Mt 23, 37). Elle suggère aussi le sentiment d'aspiration vers le ciel que doit éprouver celui qui pénètre en elle. L'idée me plut ; je la reprends volontiers à mon compte : une bibliothèque ne se comporte-t-elle pas, elle aussi, comme une mère qui éduque ses enfants et les invite à regarder au loin, plus loin que les passions du moment, vers l'infini du génie humain fécondé par la grâce divine ? *Mater et magistra*, dit-on.

Ces pages ne prétendent nullement à l'objectivité. Elles ne cherchent pas à recenser les livres, objets et documents les plus prestigieux de la Bibliothèque ou des Archives, ni les plus dignes d'intérêt d'un point de vue historique. D'autres choix étaient concevables. On pourra toujours dire que la sélection retenue pèche par sa trop grande partialité, qu'elle est peut-être plus sensible aux destinées personnelles qu'aux grandes idées qui ont bouleversé le monde. J'ai seulement tenté de faire partager mon admiration, voire mon enthousiasme, pour ce que j'ai pu voir de près et toucher – privilège unique ! – au cours des six années passées à la tête de ces deux maisons. Accéder à l'Histoire concrète, en somme.

Entrons donc dans l'une, puis l'autre, de ces prestigieuses institutions.

Ouvrons les portes de l'Histoire.

Étage noble, salle des anges musiciens.

PAVLVS·V·PONT·MAX
ANNO·IX
XV
XXXI

1.

Ceux qui nous accueillent

Après avoir quitté les appartements pontificaux, puis suivi la très longue galerie lapidaire, non sans jeter de rapides regards au passage sur les plaques et inscriptions funéraires de la vieille Rome encastrées dans les murs, puisque le passé reste là toujours présent, une lourde porte bardée de fer s'ouvre sur la gauche. Elle introduit au bien nommé vestibule (*vestibolo*), car les papes qui souhaitaient se rendre à la Bibliothèque passaient par là. De forme rectangulaire, la salle est magnifique. Le grand plafond voûté peint à fresques par Nebbia, Guerra, Brill et quelques autres célèbre la gloire de Sixte Quint. Il n'a jamais été vraiment restauré, à peine dépoussiéré, mais les couleurs sont restées aussi vives qu'à l'origine, comme si cet espace clos avait su se préserver des morsures du temps. Calme et sérénité. Sur les bas-côtés des parois tendues de soie jaune les lambris racontent déjà une histoire : les marqueteries de bois illustrent comment, à une époque plus moderne, étaient disposés les livres sur des étagères, tandis que des coffres de la même couleur, disposés à même le sol, rappellent que les premiers documents écrits reposaient les uns sur les autres. Les débuts sont toujours modestes. À partir de ces commencements hésitants, le regard est invité à s'élever jusqu'à la gloire de la Renaissance triomphante.

Il a fallu qu'une méchante table casse la perspective méditative de l'ensemble. Je l'avais fait recouvrir d'un assez joli tissu d'ameublement dont les nuances brunes et jaune canari rappelaient les couleurs des murs. C'est là que se réunit le Conseil de la Bibliothèque, toutes les deux à trois semaines. S'y retrouvent, outre le Bibliothécaire qui le préside, le préfet, le vice-préfet et les officiers, c'est-à-dire les chefs de service, une secrétaire ; en tout, huit personnes. Les échanges, toujours libres et courtois, pouvaient se faire subitement très techniques. Si je prenais souvent l'air pénétré de celui qui comprend l'importance des enjeux, j'avais,

Vestibule (voûte), actuelle salle des Écrivains.

Pages suivantes :
Le vestibule (salle des Écrivains) qui ouvre sur la Salle Sixtine.

SIXTVS·V·PONT·
BIBLIOTHECAM
A SANCTISSIMIS PRIORIBVS
QVI BEATI PETRI VOCEM
IN IPSIS ADHVC SVRGENTIS
INCHOATAM
PACE ECCLESIAE REDDITA
A POSTERIORIBVS
VT AD VSVS PONTIFICIOS PARATIOR
IBIQ·A NICOLAO·V·AVCTAM·
INSIGNITER
QVO FIDEI NOSTRAE ET VETERVM
DISCIPLINAE RITVVM DOCVMENTA
EXPRESSA·ET ALIORVM MVLTIPLEX
LIBRORVM CONSERVARE
AD PVRAM ET
ET DOCTRINAE
PERPETVA
IN NOS
TOTO TERRARVM ORBE
CVM LOCO DEPRESSO
ET INSALVBRI SITA
AVLA PERAMPLA VESTIBVLO
SCALIS PORTICIBVS TOTOQ·AEDIFICIO
EXTRVCTO
SVBSELLIIS PLVTEISQ·DIRECTIS·
IN HVNC EDITVM PERLVCIDVM
OPPORTVNVM LOCVM
PICTVRIS ILLVSTRIBVS
ET PVBLICAE
DICAVIT

SIXTVS.V.P.
PHRYGIA

en réalité, quelquefois de la peine à suivre. On demandait au Bibliothécaire d'arrêter les grandes lignes politiques de l'institution, tandis que la gestion pratique incombait au préfet et à ses collaborateurs.

Parlant de politique, je me souviens des « grandes heures » du *vestibolo*, quand nous recevions là, avec un certain apparat, les chefs d'État ou de gouvernement, les délégations parlementaires ou de grandes institutions culturelles... Des figures traversent ma mémoire : les souverains des Pays-Bas, la reine de Suède, le prince Charles d'Angleterre, l'épouse du cheik du Qatar, le président de la Roumanie, celui du Pérou, le Premier ministre hongrois, divers ministres venus de la Russie, du Japon, de la Chine et de Taïwan, des États-Unis et de divers pays latino-américains, les chefs d'autres religions enfin... Les ambassadeurs accrédités auprès du Saint-Siège se faisaient un devoir de nous rendre une visite de courtoisie ; il n'était pas rare que leur enthousiasme devant ce qu'ils découvraient les incitât à convaincre les responsables politiques de leur propre pays à faire un détour par la BAV et les ASV, lors de leur venue à Rome. Comme il a déjà été dit, il existe donc une diplomatie du livre dont je ne soupçonnais guère l'importance à mes débuts dans cette charge. Enfin, chaque jeudi, de dix-sept à dix-huit heures, les visiteurs qui en avaient fait la demande commençaient là leur périple à travers l'art et l'Histoire. Venant de tous les horizons, des étudiants jusqu'aux académiciens, en passant par des politiques et des agents du monde économique, leur nombre ne devait pas dépasser la vingtaine. J'accompagnais ceux qui venaient des terres francophones.

Les directeurs de toutes les bibliothèques du monde se heurtent aux mêmes difficultés : le manque d'espace (le Vatican est petit et ses autorités se sont constamment opposées à ce qu'un agrandissement soit prévu hors les murs) ; le manque de formation du personnel, depuis que la plupart des écoles ont réduit la culture générale et les langues anciennes à la portion congrue, quand elles ne les ont pas supprimées, au profit de matières techniques ; enfin, le manque de moyens. Chassons les images convenues : le Vatican est pauvre. Ce qu'il verse aux deux institutions se fait chaque année plus chiche. Il faut donc chercher impérativement de nouvelles sources de financement, ne serait-ce que pour mieux conserver les sources, soutenir la recherche et donner un salaire à peine convenable aux quelque deux cents personnes qui travaillent là. Mes prédécesseurs avaient déjà amorcé une politique de mécénat : elle s'est considérablement développée au cours des dernières années, notamment aux États-Unis, en Allemagne et en Asie. C'est ainsi qu'un beau matin, fut signé dans cette salle l'accord évoqué dans l'introduction, par lequel une grosse entreprise japonaise mettait un peu plus de dix-neuf millions d'euros à la disposition de la BAV, afin de lui permettre d'acquérir les scanners capables de numériser nos plus anciens manuscrits. J'en restais

Portrait de Marcello Cervini,
salle des Écrivains (*OA* 432).

comme interdit : dans ma vie de religieux, je n'avais jamais contemplé, ni de près, ni de loin, un tel pactole !

Du haut de leurs cadres séculaires, revêtus de la pourpre cardinalice pour bien signifier l'importance que l'Église accorde au savoir et à la recherche, les premiers Archivistes et Bibliothécaires de la Sainte Église Romaine observent ces péripéties avec curiosité, à moins que ce ne soit l'indifférence de ceux qui en ont tellement vu…

Le premier de la série est Marcello Cervini. D'une certaine manière, il donne le ton de ce que seront ses successeurs, à la fois humanistes et agents politiques, de sorte que le cardinal-bibliothécaire jouera le rôle, avant la lettre, de ministre de la Culture du Saint-Siège. Né en 1501, d'une bonne famille venant de Montepulciano, il est remarqué très tôt par Clément VII pour ses dons scientifiques. Un Bibliothécaire prisonnier de ses livres ? Allons donc ! Cervini est mêlé aux échanges diplomatiques le plus souvent tendus entre François Ier et Charles-Quint, plus largement aux grands événements de son époque : envoyé plusieurs fois en Allemagne, alors qu'y soufflait la terrible tempête luthérienne, nonce à Venise, il assiste au dramatique sac de Rome par les troupes protestantes déchaînées, lancées par le Roi Très-Catholique. Il pousse à la laborieuse convocation du concile de Trente, dont il rédigera plusieurs textes. Administrateur de divers diocèses, il y introduit, non sans mal, de profondes réformes disciplinaires.

Un Bibliothécaire peut-il devenir pape ? En 1548, Paul III confie à Cervini la charge de la Bibliothèque, en tant que protecteur et directeur. Jules III le nomme cardinal-bibliothécaire en 1550. Celui-ci nourrit le grand projet de traduire en italien les textes patristiques grecs dont il dresse l'inventaire, mais ne parvient pas à le mener à son terme. En revanche, il s'attache à assainir les finances (déjà !) et fait ouvrir un cahier d'enregistrement pour les ouvrages acquis, ainsi qu'un répertoire des dépenses occasionnées. Il édite les écrits où, se piquant de théologie, le roi Henry VIII se faisait le défenseur de la papauté, ce qui ne manquait pas de sel. Le 9 avril 1555, après un conclave particulièrement bref, Marcello Cervini est élu pape, sous le nom de Marcel II. Il accepte alors de se faire consacrer évêque, ce qu'il avait refusé jusque-là, car il ne s'en jugeait pas digne, et annonce son intention de poursuivre la réforme de l'Église ; malheureusement, il ne règne que vingt-huit jours, cinq de moins que Jean-Paul Ier ! Son souvenir est passé à l'histoire grâce à la messe que Palestrina composa en son souvenir, dite « Messe du pape Marcel ». Beaucoup plus tard, en 1922, la Vaticane fait encore parler d'elle, puisque son préfet – qui n'était pas Bibliothécaire – monte sur le siège de Pierre sous le nom de Pie XI.

Le portraitiste reste inconnu. Il s'agit probablement d'une copie de bonne facture, réalisée au début du XVIIe siècle, bien après le décès du pape donc : un original existe à la galerie Borghèse de Rome. Le cardinal

Portrait de Roberto de Nobili, salle des Écrivains (*OA* 433).

Portrait de Guilhaume Sirleto,
salle des Écrivains (*OA* 436).

arbore ici les insignes de sa dignité – barrette, mozette, camail et anneau – et tient un livre dans sa main : le doigt marque une page, comme si le modèle venait d'être interrompu dans sa lecture par l'arrivée inopinée du peintre. Ses armes sont placées au-dessus d'un fauteuil au dossier fort raide. Émacié, ascétique même, le visage dégage une impression de bienveillance, mais aussi de grande fatigue : le col qui bâille et de larges poches sous les yeux traduisent un homme qui, n'étant plus en bonne santé, poursuit sa tâche malgré tout. La bouche, seule, reste jeune et vive : Cervini savait ce qu'il disait, ce qu'il voulait et n'avait pas besoin de répéter ses souhaits.

Les Bibliothécaires se suivent et ne se ressemblent guère. Après le pape, le saint. Le successeur immédiat de Cervini avait été fait cardinal à l'âge de douze ans. Roberto de Nobili porte bien son nom, puisqu'il était le neveu de Jules III. Ce fils de famille ne voulut guère goûter aux charmes et aux poisons de la vie mondaine : de rigoureuses pénitences le conduiront à la tombe dès ses dix-huit ans.

Peut-on être d'origine modeste et diriger la Vaticane ? Il m'avait été demandé de présider en 2013 en Calabre, à Guardavalle précisément, un colloque destiné à faire mémoire d'un enfant du pays devenu cardinal-bibliothécaire en 1572. Plus de quatre siècles après sa disparition, on faisait encore mémoire de ce scientifique de haut vol, né dans un milieu pauvre, mais ayant acquis la

Journal du voyage de Michel de Montaigne en Italie

« Le 6 de mars, je fus voir la librairie du Vatican, qui est en cinq ou six salles tout de suite. Il y a un grand nombre de livres attachés sur plusieurs rangs de pupitres ; il y en a aussi dans des coffres qui me furent tous ouverts ; force livres écrits à la main, et notamment un Sénèque et les *Opuscules* de Plutarque.

J'y vis de remarquable la statue du bon Aristide, avec une belle tête chauve, la barbe épaisse, grand front, le regard plein de douceur et de majesté : son nom est écrit en sa base très antique ; un livre de Chine, le caractère sauvage, les feuilles de certaine matière beaucoup plus tendre et pellucide que notre papier ; et parce qu'elle ne peut souffrir la teinture de l'encre, il n'est écrit que d'un côté de la feuille, et les feuilles sont toutes doubles et pliées par le bout de dehors où elles se tiennent.

Ils tiennent que c'est la membrane de quelque arbre.

J'y vis aussi un lopin de l'ancien papyrus, où il y avait des caractères inconnus : c'est une écorce d'arbre.

J'y vis le bréviaire de saint Grégoire, écrit à main : il ne porte nul témoignage de l'année, mais ils tiennent que de main à main il est venu de lui. C'est un missel à peu près comme le nôtre, et fut apporté au dernier concile de Trente pour servir de témoignage à nos cérémonies.

J'y vis un livre de saint Thomas d'Aquin, où il y a des corrections de la main du propre auteur, qui écrivait mal, une petite lettre pire que la mienne. *Item*, une Bible imprimée en parchemin, de celles que Plantin vient de faire en quatre langues, laquelle le roi Philippe a envoyée à ce pape, comme il dit en l'inscription de la reliure ; l'original du livre que le roi d'Angleterre composa contre Luther, lequel il envoya, il y a environ cinquante ans, au pape Léon X, souscrit de sa propre main, avec ce beau distique latin, aussi de sa main :

Anglorum rex Henricus,
Leo decime, mittit
Hoc opus, et fidei testem et
amicitiæ [1]

Je lus les préfaces, l'une au pape, l'autre au lecteur : il s'excuse sur ses occupations guerrières et faute de suffisance ; c'est un langage latin bon pour scolastique.

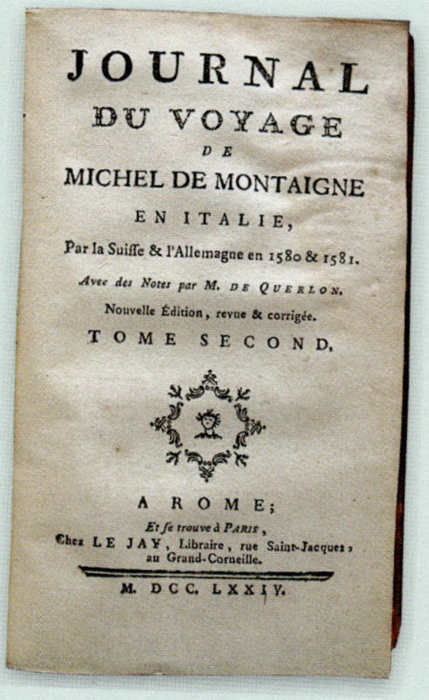

JOURNAL
DU VOYAGE
DE
MICHEL DE MONTAIGNE
EN ITALIE,
Par la Suisse & l'Allemagne en 1580 & 1581.
Avec des Notes par M. DE QUERLON.
Nouvelle Édition, revue & corrigée.
TOME SECOND.

A ROME;
Et se trouve à PARIS,
Chez LE JAY, Libraire, rue Saint-Jacques, au Grand-Corneille.
M. DCC. LXXIV.

Je la vis sans nulle difficulté ; chacun la voit ainsi et en extrait ce qu'il veut ; et est ouverte quasi tous les matins ; et si fus conduit partout et convié par un gentilhomme d'en user quand je voudrais. M. notre ambassadeur s'en partait en même temps sans l'avoir vue, et se plaignait de ce qu'on lui voulait faire faire la cour au cardinal Charlet, maître de cette librairie, pour cela ; et n'avait, disait-il, jamais pu avoir le moyen de voir ce que Sénèque écrit à la main, ce qu'il désirait infiniment. La fortune m'y porta, comme je tenais ce témoignage, la chose pour désespérée. Toutes choses sont ainsi aisées à certains biais et inaccessibles par autres. L'occasion et l'opportunité ont leurs privilèges, et offrent souvent au peuple ce qu'elles refusent aux rois. La curiosité s'empêche souvent elle-même, comme fait aussi la grandeur et la puissance. »

---

1. « Le Roi des Anglais, Henri, à Léon dixième a envoyé cet ouvrage, témoin de sa foi et de son amitié. »

Portrait de Scipione Caffarelli-Borghese, salle des Écrivains (*OA* 441).

noblesse du savoir. Guilhaume Sirleto laissa le souvenir d'un érudit : son tableau le montre avec un livre ouvert, tandis que deux autres attendent sur la table, prêts à être décortiqués ; de fait, dans sa passion en faveur d'un rapprochement avec les Églises grecques et orientales, il fit entrer un nombre impressionnant de manuscrits grecs et latins. Lorsqu'il se rendit à Rome, Montaigne demanda à visiter la Bibliothèque et s'entretint longuement avec Sirleto dont il laisse un portrait flatteur.

Une opinion largement répandue veut que les fils des familles nobles romaines aient été placés à la tête de l'administration pontificale pour des raisons de prestige, alors que leurs compétences scientifiques pouvaient s'avérer des plus médiocres. Ce fut vrai pour plusieurs dicastères, beaucoup moins pour la Bibliothèque. Certes, elle vit passer des noms et des titres fameux, avec les Cafara, Colonna, Barberini, Chigi et autres Pamphili, mais la plupart d'entre eux témoignait d'une culture et d'un savoir-faire exemplaires. Tel fut le cas, par exemple, de Scipione Caffarelli-Borghèse. Créé cardinal par Paul V, son oncle, en 1605, il porte pour la première fois dans l'histoire le titre de secrétaire d'État, un office qui s'affirmera, au fil des siècles, pour devenir celui d'une sorte de Premier ministre du Saint-Siège. Placé à la tête de la Bibliothèque en 1609, il s'en retire neuf ans plus tard, parce qu'il ne peut faire face à toutes les charges qui lui sont alors confiées, non sans avoir absorbé auparavant trois bibliothèques scientifiques. Doué d'un sens politique affiné, il participe à de nombreuses négociations diplomatiques au nom et place de son oncle ; il est nommé légat en Avignon. Homme de grande culture, passionné de musique et de dessin, il se comporte comme l'un des plus grands mécènes de son époque, faisant venir de précieuses tapisseries de Paris et de Bruxelles, et installe de pharamineuses collections d'antiques dans ses palais de Rome et de Frascati. On lui doit la façade du palais Borghèse, les jardins du Quirinal et surtout la chapelle Paolina. Son titre le plus célèbre reste cependant celui de protecteur du Bernin, le plus grand génie de la Rome baroque, qui a fait de lui un magnifique bronze que l'on peut admirer à la Galerie de sa famille.

Attribué à Octave Leoni, le tableau représente le cardinal Borghèse en pied, ce qui n'était pas la posture habituelle ; l'œuvre est de première qualité artistique. Toutefois, l'œil hésite à se poser : sur le visage qui respire la finesse et l'intelligence, avec un soupçon de sensualité, ou sur le rochet prêt à se déplier à la manière d'un éventail, comme si l'appartenance à l'Église le disputait aux affaires du monde ? La main droite tient une sorte de pli, et non point un livre, ce qui donne à penser que la politique occupait plus son attention que les manuscrits…

Qui a dit que l'Église était restée réfractaire au vaste mouvement des idées qui marqua le XVIIIe siècle ? Dans ce tableau d'une magnifique composition (regardez la disposition des objets sur la table de travail), le

Portrait d'Alexandre Albani,
salle des Écrivains (*OA* 188).

cardinal Alexandre Albani porte sur son visage toute la finesse et l'élégance de son époque, avant que ne survienne le drame. Son activité diplomatique n'est pas moindre que celle de ses prédécesseurs. Frère de Clément XI, il est envoyé à Vienne comme nonce extraordinaire, négocie un concordat avec le royaume de Sardaigne et se fait protecteur des maronites du Liban. Il est nommé Bibliothécaire en 1761, précédé de la réputation d'un mécène hors pair. Fondateur d'une académie des antiquités, il réunit dans ses palais décorés par Mengs, le peintre apprécié des cours de Rome et de Madrid, la plus riche collection de bronzes et de bustes romains que les Français ne manqueront pas de saccager durant l'occupation de la Ville. Son principal mérite reste cependant d'avoir fait entrer Johann Joachim Winckelmann à la Bibliothèque, en le nommant *scriptor supranumerarius graecus* en 1763. On considère que le Brandebourgeois, né en 1717, est le père fondateur de l'archéologie moderne et, dans le même temps, avec son ouvrage le plus célèbre, *Pensées sur l'imitation de l'antique*, paru en 1755, le théoricien d'une nouvelle esthétique dont les répercussions se font sentir encore de nos jours. Il épouse l'intérêt de son siècle pour tout ce qui vient de l'Orient ; secondé par le Libanais Assemani et le Français Adrien Reland, il se procure les premiers manuscrits turcs et syriaques entrés à la Vaticane.

Depuis Nicolas V jusqu'à Benoît XVI, tous les papes ont entouré la Bibliothèque et les Archives d'un soin jaloux, surveillant ses évolutions, sélectionnant son personnel avec la plus grande attention et procédant à des réorganisations régulières, comme il convient pour tout organisme vivant, parce qu'ils ont compris que de la protection de la mémoire dépendait le futur. Celui qui oublie son passé est condamné à le répéter. « Chi non ricorda, non vive » (Celui qui ne se souvient plus ne vit plus), assurait l'anthropologue Giorgio Pasquali.

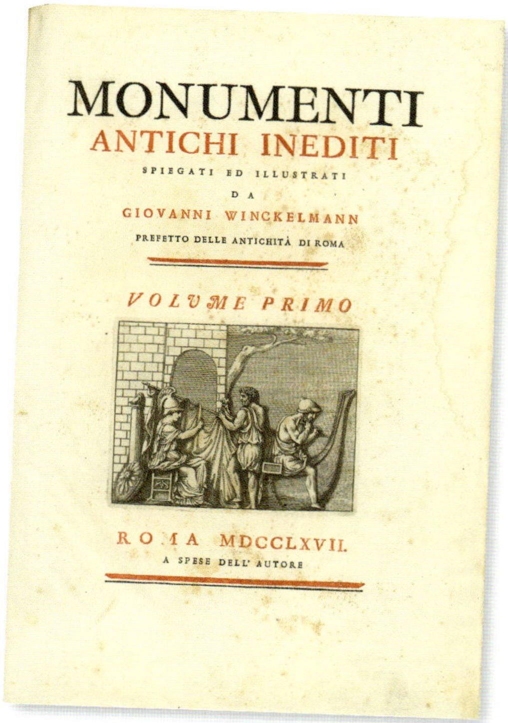

En haut à droite :

Johann Joachim Winckelmann, *Monuments inédits de l'Antiquité expliqués et illustrés* (1767) (*Stamp. Chig.* S.354, f. 3r).

Pages suivantes :

Melozzo da Forlì, *Sixte IV recevant l'hommage de Platine*, pinacothèque, musées du Vatican.

2.

Le souci de la mémoire

ΚΑΙ ΕΓΕΝΕΤΟ ΕΝ ΤΩ ΕΥΛΟΓΕΙΝ ΑΥΤΟΝ ΑΥΤ
ΔΙΕΣΤΗ ΑΠ ΑΥΤΩΝ ΚΑΙ ΑΝΕΦΕΡΕΤΟ ΕΙΣ ΤΟΝ
ΟΥΡΑΝΟΝ ΚΑΙ ΑΥΤΟΙ ΠΡΟΣΚΥΝΗΣΑΝΤΕΣ ΑΥ
ΤΟΝ ΥΠΕΣΤΡΕΨΑΝ ΕΙΣ ΙΛΗΜ ΜΕΤΑ ΧΑΡΑΣ
ΜΕΓΑΛΗΣ ΚΑΙ ΗΣΑΝ ΔΙΑ ΠΑΝΤΟΣ ΕΝ ΤΩ
ΙΕΡΩ ΕΥΛΟΓΟΥΝΤΕΣ ΤΟΝ ΘΝ
ΕΥΑΓΓΕΛΙΟΝ
ΚΑΤΑ
ΛΟΥΚΑΝ
ΕΥΑΓΓΕΛΙΟΝ
ΚΑΤΑ ΙΩΑΝΝΗΝ
ΕΝ ΑΡΧΗ ΗΝ Ο ΛΟΓΟΣ ΚΑΙ Ο ΛΟΓΟΣ ΗΝ ΠΡΟΣ ΤΟΝ
ΘΝ ΚΑΙ ΘΣ ΗΝ Ο ΛΟΓΟΣ ΟΥΤΟΣ ΗΝ ΕΝ ΑΡΧΗ ΠΡΟΣ
ΤΟΝ ΘΝ ΠΑΝΤΑ ΔΙ ΑΥΤΟΥ ΕΓΕΝΕΤΟ ΚΑΙ ΧΩΡΙΣ
ΑΥΤΟΥ ΕΓΕΝΕΤΟ ΟΥΔΕ ΕΝ Ο ΓΕΓΟΝΕΝ ΕΝ ΑΥΤΩ
ΖΩΗ ΗΝ ΚΑΙ Η ΖΩΗ ΗΝ ΤΟ ΦΩΣ ΤΩΝ ΑΝΩΝ
ΚΑΙ ΤΟ ΦΩΣ ΕΝ ΤΗ ΣΚΟΤΕΙΑ ΦΑΙΝΕΙ ΚΑΙ Η ΣΚΟ
ΤΕΙΑ ΑΥΤΟ ΟΥ ΚΑΤΕΛΑΒΕΝ ΕΓΕΝΕΤΟ ΑΝΘΡΩ
ΠΟΣ ΑΠΕΣΤΑΛΜΕΝΟΣ ΠΑΡΑ ΘΥ ΟΝΟΜΑ ΑΥΤΩ
ΙΩΑΝΝΗΣ ΟΥΤΟΣ ΗΛΘΕΝ ΕΙΣ ΜΑΡΤΥΡΙΟΝ ΙΝΑ
ΜΑΡΤΥΡΗΣΗ ΠΕΡΙ ΤΟΥ ΦΩΤΟΣ ΙΝΑ ΠΑΝ
ΤΕΣ ΠΙΣΤΕΥΣΩΣΙΝ ΔΙ ΑΥΤΟΥ ΟΥΚ ΗΝ ΕΚΕΙ
ΝΟΣ ΤΟ ΦΩΣ ΑΛΛ ΙΝΑ ΜΑΡΤΥΡΗΣΗ ΠΕΡΙ ΤΟΥ
ΦΩΤΟΣ ΗΝ ΤΟ ΦΩΣ ΤΟ ΑΛΗΘΙΝΟΝ Ο ΦΩΤΙ
ΖΕΙ ΠΑΝΤΑ ΑΝΟΝ ΕΡΧΟΜΕΝΟΝ ΕΙΣ ΤΟΝ ΚΟ
ΣΜΟΝ ΕΝ ΤΩ ΚΟΣΜΩ ΗΝ ΚΑΙ Ο ΚΟΣΜΟΣ ΔΙ
ΑΥΤΟΥ ΕΓΕΝΕΤΟ ΚΑΙ Ο ΚΟΣΜΟΣ ΑΥΤΟΝ ΟΥΚ
ΕΓΝΩ ΕΙΣ ΤΑ ΙΔΙΑ ΗΛΘΕΝ ΚΑΙ ΟΙ ΙΔΙΟΙ ΑΥ
ΤΟΝ ΟΥ ΠΑΡΕΛΑΒΟΝ ΟΣΟΙ ΔΕ ΕΛΑΒΟΝ ΑΥΤΟΝ
ΕΔΩΚΕΝ ΑΥΤΟΙΣ ΕΞΟΥΣΙΑΝ ΤΕΚΝΑ ΘΥ ΓΕ
ΝΕΣΘΑΙ ΤΟΙΣ ΠΙΣΤΕΥΟΥΣΙΝ ΕΙΣ ΤΟ ΟΝΟΜΑ ΑΥ
ΤΟΥ ΟΙ ΟΥΚ ΕΞ ΑΙΜΑΤΩΝ ΟΥΔΕ ΕΚ ΘΕΛΗΜΑ
ΤΟΣ ΣΑΡΚΟΣ ΟΥΔΕ ΕΚ ΘΕΛΗΜΑΤΟΣ ΑΝΔΡΟΣ
ΑΛΛ ΕΚ ΘΥ ΕΓΕΝΝΗΘΗΣΑΝ ΚΑΙ Ο ΛΟΓΟΣ ΣΑΡΞ Ε
ΓΕΝΕΤΟ ΚΑΙ ΕΣΚΗΝΩΣΕΝ ΕΝ ΗΜΙΝ ΚΑΙ ΕΘΕ
ΑΣΑΜΕΘΑ ΤΗΝ ΔΟΞΑΝ ΑΥΤΟΥ ΔΟΞΑΝ ΩΣ ΜΟΝΟ
ΓΕΝΟΥΣ ΠΑΡΑ ΠΑΤΡΟΣ ΠΛΗΡΗΣ ΧΑΡΙΤΟΣ ΚΑΙ
ΑΛΗΘΕΙΑΣ ΙΩΑΝΝΗΣ ΜΑΡΤΥΡΕΙ ΠΕΡΙ ΑΥΤΟΥ
ΚΑΙ ΚΕΚΡΑΓΕΝ ΛΕΓΩΝ ΟΥΤΟΣ ΗΝ ΟΝ ΕΙΠΟΝ Ο
ΟΠΙΣΩ ΜΟΥ ΕΡΧΟΜΕΝΟΣ ΕΜΠΡΟΣΘΕΝ ΜΟΥ
ΓΕΓΟΝΕΝ ΟΤΙ ΠΡΩΤΟΣ ΜΟΥ ΗΝ ΟΤΙ ΕΚ ΤΟΥ

F*aites cela en mémoire de moi.*

Peu de phrases dans le Nouveau Testament offrent le même poids que celle-ci. Elle se trouve répétée en deux endroits, qui tous deux rappellent l'institution de l'Eucharistie (Luc 22, 19 et 1 Corinthiens 11, 24-25). Comme en écho, saint Paul répond : « Souviens-toi de Jésus-Christ » (2 Timothée 2, 8). Cette phrase laisse deviner qu'il existe, par conséquent, un rapport étroit entre l'Église et la mémoire. Commémorer appartient au cœur de la mission de l'Église.

Quand j'étais secrétaire de la Congrégation romaine pour l'Éducation catholique, je disais volontiers à ceux qui nous rendaient visite : « Nous pourrions appeler notre maison "ministère de l'Avenir". En effet, tous nos services (universités, écoles et séminaires) s'emploient à faire grandir des jeunes en humanité et en vie chrétienne. » Nommé Bibliothécaire et Archiviste de la Sainte Église Romaine, je recevais en quelque sorte le « ministère de la Mémoire ». Le secrétaire d'État de l'époque, avec qui je m'entretins alors, souligna qu'il existait un lien entre ces deux missions, une interdépendance entre passé et avenir. Quel était ce lien ? Je me suis attaché à le découvrir en six bonnes années de service.

La mémoire permet d'accéder à l'identité. La cohésion d'un groupe social, qu'il soit politique ou religieux, et plus encore son avenir, dépendent pour une très large part du rapport au souvenir de ses origines. L'attachement à l'Europe, par exemple, ne sera pas le même selon que l'on se réfère à ses « Pères fondateurs », Robert Schuman et Alcide De Gasperi, à ce qu'ils ont voulu créer et à l'esprit dans lequel ils ont conduit les premiers pas, ou bien selon que l'on estime que l'Europe n'a pas besoin de s'interroger sur ses origines, parce qu'elle est une idée à réinventer constamment. A-t-elle des racines dont le souvenir pourrait éclairer les défis du moment ? Ou bien aspire-t-elle simplement à devenir un immense marché sans frontières

Fin de l'évangile selon saint Luc
et début de l'évangile selon saint Jean,
vers 180-200 (*Papyrus Bodmer* XIV-XV, f. 2A8r).

géographiques, sans passé ni culture ? Nous voilà renvoyés à la question primordiale de l'identité.

Parce qu'elles témoignent, chacune à sa manière, plus culturel chez l'une, plus historique chez l'autre, d'un même souci de la mémoire, la Vaticane et les Archives Secrètes constituent, aujourd'hui plus que jamais, un trésor pour l'Église et, dans son ombre portée, pour l'ensemble de l'humanité.

On me demandait souvent quel était le plus vieux document en notre possession. Je répondais que la Bibliothèque détenait bien des pièces de monnaie chinoise du VIe siècle avant Jésus-Christ, mais que l'un des manuscrits les plus anciens venait à peine d'y entrer. Il avait été découvert vers 1950, dans la Moyenne-Égypte, probablement à proximité du lieu d'origine, et avait appartenu au musée Bodmer de Cologny, aux portes de Genève. Le papyrus Bodmer XIV-XV, écrit en grec, a été rédigé entre 180 et 220 : il est donc le texte du Nouveau Testament le plus ancien connu à ce jour. Il reprend, liés entre eux, les évangiles de Luc et de Jean en leur entier ; avec le temps, la moitié du contenu initial s'est égaré, de sorte qu'il ne reste que cinquante-quatre feuilles sur plus de soixante-dix, protégées désormais entre des lames de verre. En considérant la présentation de l'ensemble et l'économie de l'espace (petite écriture, marge faible), on peut avancer que l'usage en était liturgique.

L'importance historique de ce document saute aux yeux. Il montre que l'évangile de Jean a été composé beaucoup plus tôt qu'on ne le disait dans les années 1970. Le papyrus confirme, d'autre part, ainsi que l'avançaient certains Pères de l'Église, comme Irénée de Lyon, que le canon des évangiles avait été fixé très tôt, dès le IIe siècle.

Si le papyrus Hanna est entré dans la Bibliothèque très récemment, en 2006, le *Codex Vaticanus*, l'autre manuscrit scripturaire-phare, apparaît pour la première fois dans l'inventaire de 1475. On pense, sans aucune certitude toutefois, qu'il s'agissait là encore d'un cadeau, apporté par la délégation grecque orthodoxe venue participer au concile de Florence-Ferrare (1435-1439). On le fait remonter au milieu du IVe siècle. Plusieurs hypothèses s'affrontent pour en déterminer l'origine : pour certains, le codex aurait été rédigé à Alexandrie ; pour d'autres, il proviendrait du même centre que le *Sinaiticus*, à Césarée de Palestine ; d'autres enfin pencheraient pour Rome. Copié avec soin par deux scribes en onciales grecques sur trois colonnes, le codex comporte 759 feuilles carrées de 27 cm de côté en vélin. Il s'agit de l'une des deux tentatives connues visant à rassembler la Bible en un seul volume.

Érasme l'avait écarté, comme peu fiable. Il faudra attendre la fin du XVIIIe siècle pour que l'autorité du *Codex Vaticanus B* soit prise en considération. Il occupe désormais une place privilégiée dans l'appareil critique des éditions modernes de la Bible.

Lorsque j'étais enfant, nous passions en famille une partie de l'été en Cerdagne.

Prologue de l'évangile selon saint Jean dans le *Codex Vaticanus* (B), IVe siècle, présent dans la Bibliothèque vaticane depuis 1475 (*Vat. gr.* 1209, p. 1349).

ΝΒ ΤΑΣΓΡΑΦΑΣΚΑΙΑΝΑ
ΣΤΑΝΤΕΣΑΥΤΗΤΗΩΡΑ
ΥΠΕΣΤΡΕΨΑΝΕΙΣΙΕΡΟΥ
ΣΑΛΗΜΚΑΙΕΥΡΟΝΗΘΡΟΙ
ΣΜΕΝΟΥΣΤΟΥΣΕΝΔΕΚΑ
ΚΑΙΤΟΥΣΣΥΝΑΥΤΟΙΣΛΕ
ΓΟΝΤΑΣΟΤΙΟΝΤΩΣΗΓΕΡ
ΘΗΟΚΣΚΑΙΩΦΘΗΣΙΜΩ
ΝΙΚΑΙΑΥΤΟΙΕΞΗΓΟΥΝΤΟ
ΤΑΕΝΤΗΟΔΩΚΑΙΩΣΕΓΝΩ
ΣΘΗΑΥΤΟΙΣΕΝΤΗΚΛΑ
ΣΕΙΤΟΥΑΡΤΟΥΤΑΥΤΑ
ΔΕΑΥΤΩΝΛΑΛΟΥΝΤΩΝ
ΑΥΤΟΣΕΣΤΗΕΝΜΕΣΩΑΥ
ΤΩΝΚΑΙΛΕΓΕΙΑΥΤΟΙΣΕΙ
ΡΗΝΗΥΜΙΝΘΡΟΗΘΕΝΤΕΣ
ΔΕΚΑΙΕΜΦΟΒΟΙΓΕΝΟΜΕ
ΝΟΙΕΔΟΚΟΥΝΠΝΕΥΜΑ
ΘΕΩΡΕΙΝΚΑΙΕΙΠΕΝΑΥΤΟΙΣ
ΤΙΤΕΤΑΡΑΓΜΕΝΟΙΕΣΤΕ
ΚΑΙΤΙΔΙΑΛΟΓΙΣΜΟΙΑΝΑ
ΒΑΙΝΟΥΣΙΝΕΝΤΗΚΑΡΔΙ
ΑΥΜΩΝΙΔΕΤΕΤΑΣΧΕΙ
ΡΑΣΜΟΥΚΑΙΤΟΥΣΠΟΔΑΣ
ΜΟΥΟΤΙΕΓΩΕΙΜΙΑΥΤΟΣ
ΨΗΛΑΦΗΣΑΤΕΜΕΚΑΙΙ
ΔΕΤΕΟΤΙΠΝΕΥΜΑΚΑΙ
ΣΑΡΚΑΚΑΙΟΣΤΕΑΟΥΚΕ
ΧΕΙΚΑΘΩΣΕΜΕΘΕΩΡΕΙ
ΤΕΕΧΟΝΤΑΚΑΙΤΟΥΤΟ
ΕΙΠΩΝΕΔΕΙΞΕΝΑΥΤΟΙΣ
ΤΑΣΧΕΙΡΑΣΚΑΙΤΟΥΣΠΟ
ΔΑΣΕΤΙΔΕΑΠΙΣΤΟΥΝΤΩΝ
ΑΥΤΩΝΑΠΟΤΗΣΧΑΡΑΣ
ΚΑΙΘΑΥΜΑΖΟΝΤΩΝΕΙΠΕ
ΑΥΤΟΙΣΕΧΕΤΕΤΙΒΡΩΣΙ
ΜΟΝΕΝΘΑΔΕΟΙΔΕΕΠΕ
ΔΩΚΑΝΑΥΤΩΙΧΘΥΟΣ
ΟΠΤΟΥΜΕΡΟΣΚΑΙΛΑΒΩΝ
ΕΝΩΠΙΟΝΑΥΤΩΝΕΦΑ
ΓΕΝΕΙΠΕΝΔΕΠΡΟΣΑΥ
ΤΟΥΣΟΥΤΟΙΟΙΛΟΓΟΙΜΟΥ

ΟΥΣΕΛΑΛΗΣΑΠΡΟΣΥΜΑΣ
ΕΤΙΩΝΣΥΝΥΜΙΝΟΤΙΔΕΙ
ΠΛΗΡΩΘΗΝΑΙΠΑΝΤΑ
ΤΑΓΕΓΡΑΜΜΕΝΑΕΝΤΩ
ΝΟΜΩΜΩΥΣΕΩΣΚΑΙΤΟΙΣ
ΠΡΟΦΗΤΑΙΣΚΑΙΨΑΛΜΟΙΣ
ΠΕΡΙΕΜΟΥΤΟΤΕΔΙΗΝΟΙ
ΞΕΝΑΥΤΩΝΤΟΝΝΟΥΝ
ΤΟΥΣΥΝΕΙΝΑΙΤΑΣΓΡΑ
ΦΑΣΚΑΙΕΙΠΕΝΑΥΤΟΙΣ
ΟΤΙΟΥΤΩΣΓΕΓΡΑΠΤΑΙ
ΠΑΘΕΙΝΤΟΝΧΝΚΑΙΑΝΑ
ΣΤΗΝΑΙΕΚΝΕΚΡΩΝΤΗ
ΤΡΙΤΗΗΜΕΡΑΚΑΙΚΗΡΥ
ΧΘΗΝΑΙΕΠΙΤΩΟΝΟΜΑ
ΤΙΑΥΤΟΥΜΕΤΑΝΟΙΑΝ
ΕΙΣΑΦΕΣΙΝΑΜΑΡΤΙΩΝ
ΕΙΣΠΑΝΤΑΤΑΕΘΝΗΑΡ
ΞΑΜΕΝΟΙΑΠΟΙΕΡΟΥΣΑ
ΛΗΜΥΜΕΙΣΜΑΡΤΥΡΕΣ
ΤΟΥΤΩΝΚΑΙΙΔΟΥΕΓΩ
ΕΞΑΠΟΣΤΕΛΛΩΤΗΝΕ
ΠΑΓΓΕΛΙΑΝΤΟΥΠΑΤΡΟΣ
ΜΟΥΕΦΥΜΑΣΥΜΕΙΣΔΕ
ΚΑΘΙΣΑΤΕΕΝΤΗΠΟΛΕΙ
ΕΩΣΟΥΕΝΔΥΣΗΣΘΕΕΞΥ
ΨΟΥΣΔΥΝΑΜΙΝΕΞΗΓΑ
ΓΕΝΔΕΑΥΤΟΥΣΕΩΣΠΡΟΣ
ΒΗΘΑΝΙΑΝΚΑΙΕΠΑΡΑΣ
ΤΑΣΧΕΙΡΑΣΑΥΤΟΥΕΥΛΟ
ΓΗΣΕΝΑΥΤΟΥΣΚΑΙΕΓΕ
ΝΕΤΟΕΝΤΩΕΥΛΟΓΕΙΝ
ΑΥΤΟΝΑΥΤΟΥΣΔΙΕΣΤΗ
ΑΠΑΥΤΩΝΚΑΙΑΝΕΦΕ
ΡΕΤΟΕΙΣΤΟΝΟΥΡΑΝΟΝΚΑΙ
ΑΥΤΟΙΠΡΟΣΚΥΝΗΣΑΝ
ΤΕΣΑΥΤΟΝΥΠΕΣΤΡΕΨΑ
ΕΙΣΙΕΡΟΥΣΑΛΗΜΜΕΤΑ
ΧΑΡΑΣΚΑΙΗΣΑΝΔΙΑΠΑΝΤΟΣ μεγαλης
ΕΝΤΩΙΕΡΩΕΥΛΟΓΟΥΝ
ΤΕΣΤΟΝΘΝΑΜΗΝ

ΚΑΤΑ ΛΟΥΚΑΝ

✝ ✝ ✝

ΕΝΑΡΧΗΗΝΟΛΟΓΟΣΚΑΙ
ΟΛΟΓΟΣΗΝΠΡΟΣΤΟΝΘΝ
ΚΑΙΘΣΗΝΟΛΟΓΟΣΟΥΤΟΣ
ΗΝΕΝΑΡΧΗΠΡΟΣΤΟΝΘΝ
ΠΑΝΤΑΔΙΑΥΤΟΥΕΓΕΝΕ
ΤΟΚΑΙΧΩΡΙΣΑΥΤΟΥΕΓΕΝΕ
ΤΟΟΥΔΕΕΝΟΓΕΓΟΝΕΝ
ΕΝΑΥΤΩΖΩΗΗΝΚΑΙΗ
ΖΩΗΗΝΤΟΦΩΣΚΑΙΤΟ των ανθρωπων
ΦΩΣΕΝΤΗΣΚΟΤΙΑΦΑΙ
ΝΕΙΚΑΙΗΣΚΟΤΙΑΑΥΤΟ
Β ΟΥΚΑΤΕΛΑΒΕΝΕΓΕΝΕ
ΤΟΑΝΘΡΩΠΟΣΑΠΕΣΤΑΛ
ΜΕΝΟΣΠΑΡΑΘΥΟΝΟΜΑ
ΑΥΤΩΙΩΑΝΗΣΟΥΤΟΣ
ΗΛΘΕΝΕΙΣΜΑΡΤΥΡΙΑΝ
ΙΝΑΜΑΡΤΥΡΗΣΗΠΕΡΙΤΟΥ
ΦΩΤΟΣΙΝΑΠΑΝΤΕΣΠΙ
ΣΤΕΥΣΩΣΙΝΔΙΑΥΤΟΥ
ΟΥΚΗΝΕΚΕΙΝΟΣΤΟΦΩΣ
ΑΛΛΙΝΑΜΑΡΤΥΡΗΣΗΠΕ
ΡΙΤΟΥΦΩΤΟΣΗΝΤΟΦΩΣ
ΤΟΑΛΗΘΙΝΟΝΟΦΩΤΙ
ΖΕΙΠΑΝΤΑΑΝΘΡΩΠΟΝ
ΕΡΧΟΜΕΝΟΝΕΙΣΤΟΝΚΟ
ΣΜΟΝΕΝΤΩΚΟΣΜΩΗΝ
ΚΑΙΟΚΟΣΜΟΣΔΙΑΥΤΟΥ
ΕΓΕΝΕΤΟΚΑΙΟΚΟΣΜΟΣ
ΑΥΤΟΝΟΥΚΕΓΝΩΕΙΣ
ΤΑΙΔΙΑΗΛΘΕΝΚΑΙΟΙΙ
ΔΙΟΙΑΥΤΟΝΟΥΠΑΡΕΛΑΒΟΝ
ΟΣΟΙΔΕΕΛΑΒΟΝΑΥΤΟΝ
ΕΔΩΚΕΝΑΥΤΟΙΣΕΞΟΥ
ΣΙΑΝΤΕΚΝΑΘΥΓΕΝΕΣΘΑΙ
ΤΟΙΣΠΙΣΤΕΥΟΥΣΙΝΕΙΣ
ΤΟΟΝΟΜΑΑΥΤΟΥΟΙΟΥ
ΚΕΞΑΙΜΑΤΩΝΟΥΔΕΕΚ
ΘΕΛΗΜΑΤΟΣΣΑΡΚΟΣ ουδε εκ θεληματος ανδρος
ΑΛΛΕΚΘΥΕΓΕΝΝΗΘΗΣΑΝ
ΚΑΙΟΛΟΓΟΣΣΑΡΞΕΓΕΝΕ
ΤΟΚΑΙΕΣΚΗΝΩΣΕΝΕΝΗ
ΜΙΝΚΑΙΕΘΕΑΣΑΜΕΘΑ

La guerre civile espagnole n'avait pas encore pansé ses plaies : je me rappelle bien les traces des balles sur le clocher de l'église de Puigcerdà, alors que le sanctuaire lui-même avait été brûlé, puis détruit. Mon père tenait à nous faire visiter l'ancienne abbaye de Ripoll : la route de montagne était épouvantable mais l'enchantement du lieu, en particulier du magnifique porche roman et du cloître du XIIe siècle à deux étages, nous récompensait amplement de nos fatigues et de nos malaises. Sur place fut évoquée la *Bible de Ripoll*, une œuvre maîtresse du Moyen Âge catalan, qui se trouvait au Vatican. J'ai demandé à la voir, à peine arrivé à la Bibliothèque ; elle est véritablement splendide. Cinq années (1015-1020) furent nécessaires pour la confectionner. Le codex comporte 450 folios de parchemin, illustrés de très riches enluminures ; aux textes bibliques eux-mêmes se sont ajoutés curieusement des emprunts faits à d'autres livres.

Les siècles passent, l'intérêt pour l'Écriture ne se dément pas. La monumentale *Bible d'Urbino* est un chef-d'œuvre indiscutable de la miniature et de l'art du livre de la Renaissance. Elle fut commandée par le duc Frédéric III de Montefeltro, condottiere, humaniste et fin lettré, au profil rendu célèbre par Piero della Francesca. L'œuvre impliqua les meilleurs artistes de l'époque, choisis et sélectionnés avec autorité par Vespasiano da Bisticci, célèbre libraire florentin : ils mirent deux années à réaliser cette œuvre exceptionnelle (1476-1478). Originellement reliée dans un brocard d'or et d'argent, la Bible se compose de deux volumes. Chaque page d'un parchemin précieux comporte deux colonnes, dans le style propre à l'humanisme de cette époque : uniforme, précis et harmonieux. Le texte est celui de la Vulgate ; les précieuses miniatures qui ornent le début de chaque livre sortent de l'atelier florentin de Francesco d'Antonio del Chierico.

❧

En 2015, j'avais été invité par des journalistes dans la petite ville de Césène. Ils me conduisirent dans l'ancien couvent franciscain qui avait réussi à conserver sa bibliothèque : tout le Moyen Âge, avec ses robustes écritoires de bois et ses manuscrits attachés par de solides chaînes de fer, se laissait encore respirer dans cette grande salle peinte en vert, puisque le vert était la couleur propre à l'étude. Au travers des verres grossiers de la fenêtre, j'apercevais l'église. D'un même côté du cloître donc, l'église et la bibliothèque : deux lieux où l'on révère la Parole de Dieu. Dans l'église, la Parole de Dieu est célébrée ; dans la bibliothèque, elle est étudiée. Autant de lieux de rumination ! Comme l'expliquait magnifiquement Benoît XVI dans son discours aux Bernardins de Paris – encore un lieu monastique –, le 12 septembre 2008 : « Pour prier sur la base de la Parole de Dieu, la seule labialisation ne suffit pas, la musique est nécessaire. Deux chants de la liturgie chrétienne dérivent de textes bibliques qui les placent sur les lèvres des Anges : le

La *Bible de Ripoll* est composée de 450 folios. Cinq années (1015-1020) furent nécessaires à sa confection (*Vat. lat.* 5729, f. 1r).

Gloria qui est chanté une première fois par les Anges à la naissance de Jésus, et le *Sanctus* qui est [...] l'acclamation des Séraphins qui se tiennent en présence immédiate de Dieu. Sous ce jour, la Liturgie chrétienne est une invitation à chanter avec les anges et à donner à la parole sa plus haute fonction ». C'est ainsi que la BAV donne à voir autant de livres liturgiques que de bibles avec leurs commentaires.

Vers la fin du XVe siècle, le Souverain Pontife ne célébrait personnellement que trois messes en public : la troisième de Noël, celle de Pâques et la solennité de saint Pierre et de saint Paul. Dans les autres occasions – une cinquantaine au total durant l'année –, il se contentait de présider les moments plus solennels. La « légende noire » a décrit Alexandre VI, le pape Borgia, sous les couleurs les plus sombres, ce qui ne signifie pas qu'elles étaient justes. C'est lui qui, au début de son pontificat, demanda que tous les livres liturgiques utilisés au long de l'année soient fondus en un seul : ainsi naquit le premier missel de l'Église (on devrait dire le premier pontifical). Le *Codex Borgiano latino 425* est le seul exemplaire de cette réforme qui subsiste. Il constitue, par conséquent, un document important pour l'histoire de la liturgie et, en même temps, un véritable monument d'art. La fort belle décoration du missel, exécutée sans doute par le franciscain Antonio da Monza, un miniaturiste très connu de la fin du siècle, sur lequel nous ne savons pourtant pas grand-chose, est orientée vers l'unique utilisateur du livre, le *Pontifex Maximus*. Alexandre VI se servit pour la première fois de son somptueux pontifical le 25 décembre 1495, peu de temps après la découverte de l'Amérique. Jean Paul II introduisit la coutume selon laquelle un fac-similé de ce codex est exposé devant l'autel majeur de la basilique Saint-Pierre, pour les vigiles et la troisième messe de Noël.

La liturgie s'adapte à toutes les situations, à toutes les aspirations spirituelles. Le missel est prévu pour les célébrations publiques, le *Livre d'heures* pour la dévotion personnelle. Ce n'est pas un psautier, même s'il contient des psaumes ; il n'est pas non plus comparable au bréviaire que les clercs sont tenus de réciter chaque jour, même s'il s'en rapproche par son contenu ; il est destiné aux laïcs. Il reprenait les offices supplémentaires que, dans les abbayes, au cours du haut Moyen Âge, les moines ajoutaient aux offices canoniques. S'il est vrai que le concile Vatican II fixa la place et le rôle des laïcs dans l'Église avec une précision inédite, une spiritualité propre à ces derniers, notamment sous l'influence de la *devotio moderna*, avait déjà acquis son autonomie dès le XIVe siècle. Le *Livre d'heures* de cette époque comporte un calendrier, les Heures de la Vierge, l'office du Saint-Esprit et celui des défunts, les suffrages, les litanies, des extraits de l'Évangile et les psaumes pénitentiels. La forme s'adaptait à la bourse de chacun. Il existait des livres de petit format, faciles à emporter en voyage ; d'autres présentaient de superbes

Nativité, attribuée à Francesco d'Antonio del Chierico, dans la *Bible des ducs d'Urbin*, XVe siècle (*Urb. lat.* 2, f. 239r).

IN PRINCIPIO ERAT

uerbum. et uerbum erat apud deum. et deus
erat uerbum. Hoc erat in principio apud deum.
O mnia per ipsum facta sunt: et sine ipso factum
est nihil. Quod factum est in ipso uita erat:
Et uita erat lux hominum. Et lux in tenebris
lucet. et tenebre eam non comprehenderunt.
F uit homo missus a deo cui nomen erat iohan
nes. Hic uenit in testimonium: ut testimoniū
perhiberet de lumine. Erat lux uera que il
luminat omnem hominem uenientem in huc
mundum. In mundo erat: et mundus per ip
sum factus est: et mundus eum non cogno
uit. In propria uenit: et sui eum non recepe
runt. Quot quot autem receperunt eum
dedit eis potestatem dei fieri: his qui cre
dunt in nomine eius. Qui non ex sanguini
bus: neq ex uoluptate carnis: neq ex uo
luntate uiri: sed ex deo nati sunt. Et uer
bum caro factum est. et habitauit in nobis.
E t uidimus gloriam eius: gloriam quasi uni
geniti a patre. Plenum gratie et ueritatis.
I ohannes testimonium perhibet de ipso. et
clamat dicens. Hic erat quem dixi qui post
me uenturus est. ante me factus est: quia
prior me erat. Et de plenitudine eius om
nes nos accepimus: et gratiam pro gratia:
quia lex per moysem data est: gratia et ueritas
per iesum christum facta est. Deum nemo uidit
unquam. Unigenitus filius qui est in sinu patris
ipse enarrabit. Et hoc est testimonium iohan
nis quando iudei miserunt ab ierosolimis sa
cerdotes et leuitas ad eum: ut interrogarent
eum. Tu quis es? Et confessus est: et non ne
gauit. Et confessus est: quia non sum ego
christus. Et interrogauerunt eum. Quid
ergo? Helyas es tu? Et dicit. Non sum. Pro
pheta es tu? Et respondit. Non. Dixerūt
ergo ei. Quis es? ut responsum demus his
qui miserunt nos? Quid dicis de te ipso?
Ait. Ego uox clamantis in deserto: diri
gite uiam domini: sicut dicit ysaias pro
pheta. Et qui missi fuerant: erant ex
phariseis. Et interrogauerunt eum: et di
xerunt ei. Quid ergo baptizas: si tu non
es christus neq helyas neq propheta? Res
pondit eis iohannes dicens. Ego baptizo i
aqua: medius autem uestrum stetit quē
uos nescitis. Ipse est qui post me uenturus
est: qui ante me factus est: cuius non sum
dignus ut soluam eius corrigiam calciamē
ti. Hec in bethania facta sunt transiordanē
ubi erat iohannes baptizans. Altera die

miniatures et de précieuses reliures. Le *Barberiniano latino 487* est, lui aussi, un *Livre d'heures* selon l'usage romain. Il a été exécuté probablement dans un atelier parisien, au cours des premières années du XVIe siècle, pour le diocèse de Rouen. La transition d'une section à l'autre est soulignée, comme d'habitude, par la présence de vignettes en pleine page, en regard. Les scènes (dix-sept au total) sont inscrites à l'intérieur d'un cadre, dans la plupart des cas de caractère architectural, sur un fond toujours différent, en rapport avec le texte, ou non. Sur chacune des feuilles, les bordures du cadre doré changent avec un art très raffiné de la *variatio*, présentant parfois une valeur non seulement décorative, mais encore illustrative du texte.

Sachant que j'avais été évêque d'Angers, mes collaborateurs me firent voir – et admirer – un ouvrage très original, le *Légendaire des Anjou de Hongrie*. Charles Robert d'Anjou était monté sur le trône de Hongrie dans les dernières années du XIIIe siècle. Il comptait de nombreux saints parmi ses ancêtres, aussi bien du côté français, tels que le roi Saint-Louis et l'évêque saint Louis de Toulouse, que du côté hongrois. Il eut l'idée de rassembler dans un ouvrage monumental, par ses dimensions et ses enluminures, des vies de saints – cinquante-neuf au total – liés à sa famille, à Rome, à la France et à la Hongrie, en s'inspirant de la *Légende dorée* du dominicain Jacques de Voragine. Ces vies étaient décrites en 549 images. Vols et mutilations diverses au cours des siècles : du

Crucifixion dans le « Missel de Noël d'Alexandre VI », XVe siècle, premier missel de l'Église (*Borg. lat.* 425, f. 38v).

Livre d'heures (*Vat. lat.* 10293, f.49v).

document primitif ne subsistent que 142 folios dispersés en plusieurs institutions, la plus grande partie (424 scènes) se trouvant au Vatican. Les miniaturistes étaient probablement des Italiens qui travaillaient à Bologne au début du XIVe siècle. Sont privilégiées les scènes fortes ou truculentes, insérées dans un monde très animé. On se trouve ainsi devant une sorte de caléidoscope de l'existence à l'époque gothique, un résumé de piété populaire, un objet décoratif de luxe pour une féodalité dévote, mais alphabétisée de manière approximative.

En guise d'adieu au Moyen Âge, évoquons la figure peu connue de Raban (784-856). Son maître Alcuin l'avait surnommé Maur, en souvenir du disciple préféré de saint Benoît. Écolâtre du monastère de Fulda, l'abbaye gardienne du tombeau de saint Boniface, bibliothécaire, puis abbé, Raban Maur se trouva mêlé à tous les évènements et aux querelles théologiques de son siècle, ce qui ne l'empêcha pas de laisser une œuvre immense, faite de commentaires de l'Écriture et de pédagogie monastique, comme l'*Institution des clercs*. La BAV possède son *De Rerum naturis*, grande encyclopédie qui s'inspire des *Étymologies* d'Isidore de Séville. Le manuscrit est tardif, puisqu'il date du XVe siècle, mais il est superbement illustré.

Légendaire Hongrois de la cour d'Anjou, XIVe siècle (*Vat. lat.* 8541).

De *Rerum naturis*, encyclopédie inspirée des *Ethymologies* d'Isidore de Séville, XVe siècle (*Pal. lat.* 291 30r).

autē et greco sermone ī latinum uertit² coro
nat⁹. et hoc ꝓphice. ut qđ sequeret² ī se uati
cinio quodam futuri. prius ī uocabulo re
sonaret. passus est enī. et qđ uocabat² ac
cepit. Stephan⁹ enī corona interpret. humiliter
lapidat⁹. et sublimit² coronat⁹. Duo autē s͠t
martirij genera. unū in aperta passione.
alterū. ī occulta animi uirtute. Nā multi
insidias tolerantes et cunctis fidelib⁹ carna
lib⁹ desiderijs resistentes. ꝑ hoc qđ se oīpoten
ti deo ī corde mactauert. eciā pacis tempore.
martires facti sunt. qui eciā si ꝑsecucionis
temp⁹ extitisset. martires fieri possent.

Capitulū. iij. De ecclesia. et Synagoga.

Ecclesia grecū est. qđ ī latinū
uertit² conuocacio. ꝓpt qđ
oīs ad se uocet. Catholi
ca uniuersalis. apo o e oy.
ca ολ. id est scđm totū.
non enī sicut conuenticula hereticoꝝ aliqb⁹
regionū ꝑtib⁹ coartant². Sed ꝑ totū terraꝝ
orbem dilatata diffundit². qꝫ eciā apls
approbat. ad romanos dicens. grās ago
deo meo ꝓ omīb⁹ uobis. quia fides uestra
annunciat² ī uniuerso mūdo. hinc et uniuer
sitas ab uno cognominata est. ꝓpter qđ in
unitate colligit². unde dn̄s ī euangelio
ait. qui mecū non colligit dispgit. Cur at²
ecclesia cū una sit a iohē septē scribunt² ni
ut una catholica septiformi plena spiritu
designet². sicut et de dn̄o nouim⁹ dixisse sa
lamonē. Sapiencia edificauit sibi domū.
excidit columpnas septem que tamē sep
tem una ē non ambigit². dicente aplo.
Ecclesia dei uiui que est columpna et firmamē
tum ueritatis. Iudicatiua autē eccla a loco
ubi uenit spirit⁹ sanct⁹ de celo. et īpleuit
uno loco sedentes. ꝓ pegrinacōe aut̄ psnti
ecclesia sicut dicit² eo qꝫ ab hui⁹ pegrinacōis
latitudine posita. ꝓmissione reꝝ celestiū
speculet². et idcirco syon. id est speculacio
nomen accepit. ꝓ future uero patrie pace
ihrlm uocat². Nam ihrlm uisio pacis inter
pretat². ubi enī absorta omni aduersitate
pacem que est xpc. ꝑsnti possidebit obtutu.
Sinagoga grece. congregacio dicit². qꝫ ꝓprium
nomē iudeoꝝ popul⁹ tenuit. Ip̄oꝝ eñ ꝓprie
sinagoga dici solet. q̄uis ecclesia dicta sit.
nostram uero apli nūqm̄ sinagogā dixert
sed semp ecclesiā siue discernendi causam.
siue qꝫ inter congregacionē. unde synago
ga et conuocacionē. unde ecclesia nomē
accepit. Differt aliqđ qđ scilicet congregari
et pecora solent. quoꝝ et greges ꝓprie dicim⁹.

Capitulū. iiij. De Religione et fide et caritate.

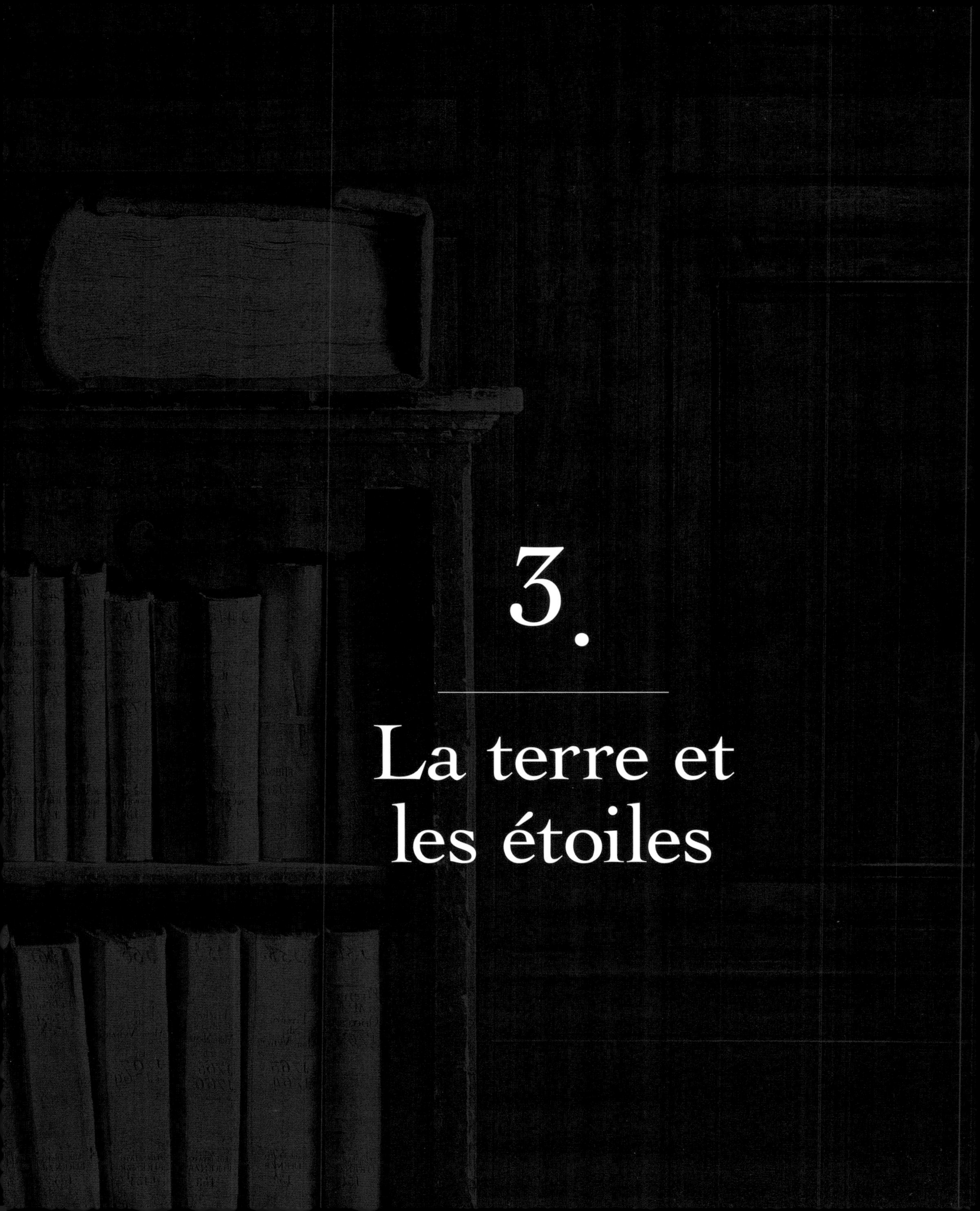

3.

La terre et les étoiles

ALEXANDRIA

Une étoile inaugure la saga évangélique ; le Livre se referme sur l'invitation à faire connaître la bonne nouvelle du salut jusqu'aux extrémités de la terre. Un astre conduit des mages – des savants tout autant que des prêtres, des sages donc – venus d'Orient jusqu'à l'endroit où venait de naître celui qui se dira plus sage que Salomon (Matthieu 2, 9 ; 12, 42). Avant de quitter les siens, le Christ leur laissa une ultime instruction : « Allez de par le monde entier, proclamez l'Évangile à toutes les créatures » (Marc 16, 15 ; voir Actes 1, 8). Que l'on ne s'étonne donc pas si l'Église manifeste depuis ses origines un intérêt singulier pour le ciel – ou le temps – et l'espace.

L'espace d'abord. Lorsque je devais me rendre à la secrétairie d'État, j'aimais arriver en avance et traîner dans les immenses galeries, faisant en quelques pas le tour du monde. Le troisième étage du palais apostolique est appelé, en effet, « Loge de la Cosmographie ». Celle-ci fut construite par Raphaël à l'époque de Léon X qui en lança la décoration ; interrompue à la mort du pontife grand amateur d'art, elle fut reprise en 1562 et se poursuivit sous Pie IV et Grégoire XIII. Les murs du bras Est reproduisent les nations du premier monde en treize cartes géographiques, chacune accompagnée d'un tableau qui en donne les caractéristiques avec beaucoup de précision. On y trouve l'Italie, bien sûr, la France, l'Espagne, l'Allemagne, les Îles britanniques, mais aussi la Moscovie, la Tartarie et le Groenland. Une immense mappemonde due à Vanosino (1585) assure la transition avec l'aile Nord. Sous la direction du cosmographe dominicain Ignazio Danti, les peintres ont dessiné, là encore avec une étonnante sûreté, des cartes donnant à voir l'Afrique, l'Asie et l'Amérique. La terre à l'heure des grandes découvertes, en somme. Ce n'était pas d'abord une volonté politique qui avait dicté ce choix, même si celle-ci n'était pas absente, mais le souci de prendre

La ville d'Alexandrie en Égypte
sur une copie de la *Géographie*
de Ptolémée, XVe siècle
(*Urb. lat.* 277, f. 133r).

Planisphère du monde connu, réalisé vers 1406, pour la *Géographie* de Ptolémée, XVe siècle (*Urb. lat.* 274, f. 74v-75r)

AQVILO
VVLTVRNVS
SVBSOLANVS
EVRVS
EVROAVSTER
NOTVS
Serica regio
Scithia extra imaum monte
Sogdiana
Bactriana
Aria
Gedrosia
India intra Gangem
India extra gangem fluuium
Sinus magnus
Sinus gangeticus
MARE·INDICVM
MARE·INDICVM
Taprobana insula
MARE PRASODVM
olomeus· refert enim indicum occeanu in modum insule totu terra circumplecti
104
120
150
164
180

au sérieux la recommandation du Christ : saisir l'espace avant d'y lancer l'annonce de l'Évangile.

Ces fresques qui datent des premières lueurs de ce que l'on appellera les temps modernes ne manquent pas de susciter une interrogation : comment les Anciens se représentaient-ils le monde ? Lorsque j'accompagnais des visiteurs, je demandais que leur fût présenté, dans le vestibule de la Bibliothèque, un magnifique codex : la *Géographie* de Ptolémée. L'ouvrage avait été commandé par un humaniste hongrois, le cardinal Janos Vitez, et réalisé à Florence vers 1470 : il soulevait toujours l'admiration. Le terme d'humaniste se trouve ici pleinement justifié : le goût est exquis et la facture raffinée. La *Géographie* a été redécouverte en Occident au XIVe siècle par le relais, non point du monde arabe, mais byzantin. En 1397, en effet, Manuel Chrysoloras s'installa à Florence pour y enseigner le grec, apportant dans ses cartons des œuvres des maîtres de l'Antiquité. Un géographe allemand dont on ignore jusqu'au nom, mais non point l'état religieux, avait déjà édité une mise à jour des cartes de Ptolémée, en améliorant leur présentation et en leur conférant un tour plus réaliste. Le codex commence par l'épître dédicatoire du savant bénédictin au pape Paul II et comprend un planisphère, treize cartes consacrées à l'Europe, quatre à l'Afrique et douze à l'Asie. De brèves notices accompagnent les régions représentées.

Depuis toujours, le temps est lié au pouvoir : « Une des prérogatives majeures de tout pouvoir politique ou religieux, est de le dominer et de manier à son gré, de le découper en séquences, de fixer les dates des vacances et des fêtes », notait l'écrivain Jean d'Ormesson. Chaldéens, Égyptiens, Chinois, Indiens, Mayas ont scruté le ciel et l'ont mesuré avec des calculs qui nous étonnent encore. Les Japonais répartissent le temps selon les règnes de leurs empereurs, les musulmans le comptent à partir de la fuite de Mahomet à Médine (hégire). L'Église catholique, elle, confère au temps une allure liturgique en scandant l'année à partir des événements de la vie du Christ : Noël, apparu à l'époque constantinienne, Pâques qui est une reprise de la Pessah juive, Ascension et Pentecôte.

En 46 avant Jésus-Christ, après avoir consulté un astronome d'Alexandrie du nom de Sosigène, Jules César impose une année de quatre cent quarante-cinq jours : ce sera le calendrier julien. L'Église l'utilisa à partir du concile de Nicée. Toutefois, elle se rendit compte qu'il n'était pas conforme en tout point au calendrier solaire et entraînait un défaut de douze minutes par année. Au fil des siècles, le désalignement prenait de l'importance. Pour cette raison, Grégoire XIII réunit en 1575 une commission de scientifiques chargée d'étudier une réforme, à la suite de quoi il supprima dix jours en trop, entre le 4 et le 15 octobre 1582, suscitant la perplexité de Montaigne et de bien

Nouveau calandrier lunaire (ASV, *A.A., Arm. I-XVIII* 5506, f. 362r).

LVNARIO
…OVO, SECONDO LA NVO…
FORMA DELLA CORRETTIONE DEL…
RIFORMATO DA N. S. GREGORIO X…
Calculato sotto il meridiano dell' Alma Città di Roma, per M. Eusebio de A…
oltrè le congiontioni, oppositioni, & quadrati della Luna con il Sole, …
mobilj, & quelle di Palazzo, & di Campidoglio, & li giorni buon…
medicine, & serue per tre Mesi, cio è Ottobre, Nouemb…
Breue giuditio, sopra la stagione ver…
ALLI 22. di Decembre, secondo la Nuoua Riforma …
XIII. il Solstitio Vernale dara principio, percio…
primo minuto di Capricorno, nel quale punto fini…
nel mezzo del Cielo, ottenendo il dominio già d…
qualita, sara la stagione che sara alquanto hu…
desidera sap più appieno del Giudicio dell' A…
per li varij aspetti ch'hanno trà d'essi per queste lor congiunti…
Luna, & dell'altri pianeti fatto sopra l'Anno del 1583. Inc…
ne dell'Anno, & in qual tempo, giorno, hora, & minuti, …
do la nuoua riforma dell'Anno. Di più ci sono le mutatio…
il nostro orizonte, con vn bellissimo auuertimento ch…
…o i buoni & tristi Aspetti de gli pianeti, & far altre c…
…bre lettera Dñicale G.
H. M. N.S.
5 13
…dar alla stuffa

d'autres. Le 24 février de la même année, le pape avait fulminé la bulle *Inter gravissima* qui sanctionnait l'entrée en vigueur du nouveau calendrier, désormais appelé « grégorien ». Ce dernier fut immédiatement reçu et appliqué par les nations catholiques, mais les pays protestants ne l'adoptèrent qu'au XVIIIe siècle, tandis que les Églises russe et serbe continuent d'utiliser le vieux calendrier julien, ce qui explique le décalage de la date des fêtes fixes entre les orthodoxes et les autres confessions chrétiennes.

Grégoire XIII chargea Antonio Lilio d'imprimer le calendrier ainsi modifié, sous le nom de *Lunario Novo* dont les Archives possèdent l'un des tout premiers exemplaires. En lui-même, le document ne présente guère d'intérêt artistique, sa valeur est uniquement historique ; je l'ai retenu pour un motif en quelque sorte parallèle. Le bureau de l'Archiviste – l'un des plus beaux du Vatican, avec ses fresques peintes par Paul Bril – est situé presque au sommet de la Tour des Vents, l'ancien observatoire. À l'étage inférieur, au quatrième donc, à partir de 1578, Grégoire XIII avait fait aménager une vaste salle décorée de fresques plus fastueuses encore, dues aux pinceaux de Nicolò Circignani, dit « le Pomarance », et des flamands Mathijs et Bril, illustrant deux éléments de la création, l'eau et l'air ; au sud, la tempête apaisée ; à l'ouest, les vents qui permettent de résister à l'extrême chaleur de la Ville, sous la forme d'enfants à l'aurore, d'adolescents au lever du soleil, jusqu'aux

Fresque dans la Salle de la Méridienne située dans la Tour des Vents.

vieillards chenus qui jettent leur dernier souffle sur la cité assoupie. On la remarque à peine, mais dans la partie supérieure d'une fresque, une minuscule figure est censée représenter Dieu le Père, si discret au sein de sa création ; mais de sa bouche ouverte sort un rayon du soleil – un vrai, puisque la paroi a été trouée à cet endroit – qui se projette sur le sol où un cadran sophistiqué permet de suivre la course de l'astre. C'est dans cette salle, dite la Méridienne, que se réunissaient et travaillaient les savants convoqués par le pape : notre calendrier est né là. Dans ce même espace, en 1655, Alexandre VII recevra pendant une courte période la reine Christine de Suède qui venait d'abdiquer.

L'astronome grec d'Égypte du nom de Ptolémée avait fait la synthèse des connaissances acquises au cours des siècles précédents, notamment avec Platon, Eudoxe, puis Aristote, en forgeant une théorie géocentrique : le soleil, la Lune, les planètes et les étoiles tournaient autour de la terre, selon un mouvement circulaire. Immobile, entourée de huit sphères de cristal concentriques, la terre occupait une place centrale dans l'univers. Pendant presque deux millénaires, ce modèle s'est imposé à tout l'Occident, donc à l'Église. C'est pourtant de l'Église que vont naître les secousses qui finiront par le mettre à bas. En 2010, je m'étais rendu à Cracovie, afin de participer à l'inauguration de l'Université Jean Paul II, si ardemment désirée par celui qui, après avoir été secrétaire de ce pontife, avait été porté par lui à la tête de l'archidiocèse : on m'y parla longuement de la gloire locale, Mikolaj Kopernic. Chanoine de Frombork, à la frontière de la Pologne et de l'Allemagne, le savant avait noté, après bien d'autres, que le modèle ptoléméen manquait de précision, mais à la différence de ces prédécesseurs qui s'étaient contentés de simples corrections, lui proposa une révision radicale : c'était le soleil qui était immobile et occupait le milieu de l'univers, tandis que les planètes comme la nôtre décrivaient autour de lui des orbites circulaires. De retour à Rome, je demandai à voir quelques écrits du prêtre révolutionnaire. On m'apporta la supplique que l'astronome adressa à Paul III, le 1er juin 1542. Devenu malade et sentant sa fin prochaine, Copernic s'était enfin décidé à faire imprimer à Nuremberg son œuvre majeure *De Revolutionibus Orbium Coelestium* (*Des Révolutions des Sphères Célestes*) ; il en avait fait hommage au pape et lui demandait de concéder à l'un de ses neveux le bénéfice ecclésiastique qu'il détenait depuis plus de quarante ans. La demande fut inscrite au Registre des suppliques avec l'annotation classique : « Accordé en présence de Notre Seigneur le Pape ».

On devine la portée extraordinaire de ce que Copernic avait prudemment présenté comme une simple hypothèse : l'homme, mesure de toute chose depuis les Grecs, est déchu de son trône au centre de l'univers ; il n'est plus qu'un détail parmi tant d'autres.

Pourtant, ni Clément VII, ni Paul III, ni le cardinal Schönberg ne s'étaient sentis offusqués des travaux de l'astronome polonais qui circulaient déjà largement sous forme manuscrite. La résistance vint des universités, des scientifiques et de certains milieux protestants (Melanchton) ou catholiques (Bellarmin) qui, fortement partisans du modèle précédent, récusaient l'héliocentrisme du système. En 1616, pour contrer Galilée, les savants obtinrent finalement la condamnation de Copernic ; ce n'est qu'en 1757 que ses ouvrages seront finalement retirés de l'Index.

Les travaux de Galileo Galilée firent autrement de bruit. Né à Pise, en 1564, il étudie la physique et les mathématiques. Il enseigne ces matières chez lui, puis à Padoue où le sénat vénitien l'accueille de bonne grâce. Pour pouvoir mieux scruter les orbites célestes, il perfectionne le télescope, inventé aux Pays-Bas, et tourne son instrument vers la lune dont il détaille les cratères, puis identifie quelques petites « étoiles » près de Jupiter qu'il appelle « planètes Médicis ». Il n'est donc pas étonnant qu'il quitte Padoue pour devenir « Premier mathématicien et philosophe » du Grand-Duc, un Médicis ! À cette époque, l'accolade des deux termes ne choquait personne…

Inventeur de la physique expérimentale, auteur d'expériences importantes sur la chute des corps, fondateur des sciences de la nature modernes, Galilée confirme l'hypothèse de Copernic : il devient le champion de l'univers héliocentrique et, de caractère entier, traite de « simples d'esprit » ceux qui ne pensent pas comme lui. Les conflits ne devaient pas manquer de surgir. Ils commencent dès 1611, à Florence, de la part de philosophes et de théologiens qui finissent par le dénoncer à Rome pour hétérodoxie. Après quelques hésitations, Paul V convoque Galilée et lui enjoint de se présenter, le 26 février 1616, devant le puissant cardinal Bellarmin qui fait office d'Inquisiteur. Ce dernier demande au scientifique de ne plus soutenir la théorie cosmologique copernicienne, puisque celle-ci venait d'être condamnée. De retour à Florence, Galilée poursuit néanmoins ses études en astronomie. Nouveaux conflits, nouvelles dénonciations, nouveaux déplacements à Rome, d'abord en 1624, puis en 1632. Chacun durcit sa position : Galilée se raidit et ne modifie en rien ses positions, le pape Urbain VIII, qui avait pourtant été son ami à Florence, le soupçonne de mauvaise foi et de tenir un double langage. Galilée venait de publier le *Dialogue sur les deux grands systèmes du monde* qui l'avait fait accuser formellement d'hérésie. En 1633, malade et alléguant des trous de mémoire, il est soumis à quatre interrogatoires ; le 22 juin, il est condamné à abjurer ses opinions et à se soumettre à la doctrine de l'Église. Ce procès revêtira une haute valeur symbolique pour la modernité.

Rien n'est plus fascinant que les étoiles. Les Anciens prétendaient y lire le destin des humains et des empires. À la

Pages suivantes :
Supplique de Copernic adressée à Paul III
(ASV, *Reg. Suppl.* 2469, f. 280rv).

280

vue d'un astre paru en Orient, comme il était rappelé au début de ce chapitre, les mages de l'Évangile avaient quitté leur pays pour se lancer dans une entreprise incertaine et périlleuse, mais source des plus grandes joies. Copernic et Galilée ont donné un tour moderne à cette passion éternelle. Leurs continuateurs vont de découvertes en surprises. Après Kepler et Newton, nous admettons désormais que notre terre appartient à une galaxie plutôt modeste contenant cent milliards de soleils. Après Hubble et Einstein, nous formulons l'hypothèse d'une explosion primordiale à l'origine d'une expansion qui se poursuit encore sous nos yeux. Une équipe de techniciens de la compagnie Bell avait mis au point un détecteur de sons ultrasensibles : quelle ne fut pas leur surprise d'entendre un bruit étrange. Ils mirent du temps à comprendre qu'ils entendaient en réalité ce qu'on pourrait appeler la musique de la création : leur radiotélescope, quelle que fût son orientation, percevait la survivance fossile du rayonnement né du phénomène primordial annoncé par Hubble ! Ce phénomène, Hoyle l'a appelé « big bang ». On comprend que tous les spécialistes ne partagent pas ce que certains estiment n'être qu'une croyance. Hypothèse scientifique ou hypothèse théologique ? Au fond, depuis Copernic et Galilée, si les techniques ont changé, les questions restent toujours les mêmes, parce qu'elles sourdent de l'inquiétude foncière de l'âme humaine.

Ci-dessus :

Joseph Nicolas Robert-Fleury, *Galilée devant le Saint-Office au Vatican*, 1847.

Acte du procès de Galilée (ASV, *Misc.*, *Arm.* X 204).

io eccedessi in qualche parte, come ho già detto presento questa
scrittura con una fede aggiunta del già Ill.mo Sig. Card.le Bellar-
mino scritta di propria mano del med.o Sig. Card.le della quale già
presentai una copia di mia mano. Del rimanente mi rimetto in
tutto, e per tutto alla solita pietà, e clemenza di questo Trib.le
et habita eius subscriptione fuit remissus ad domum supra
Or.is Ser.mi Magni Ducis modo, et forma iam sibi notificatis.

Io Galileo Galilei mano p.a

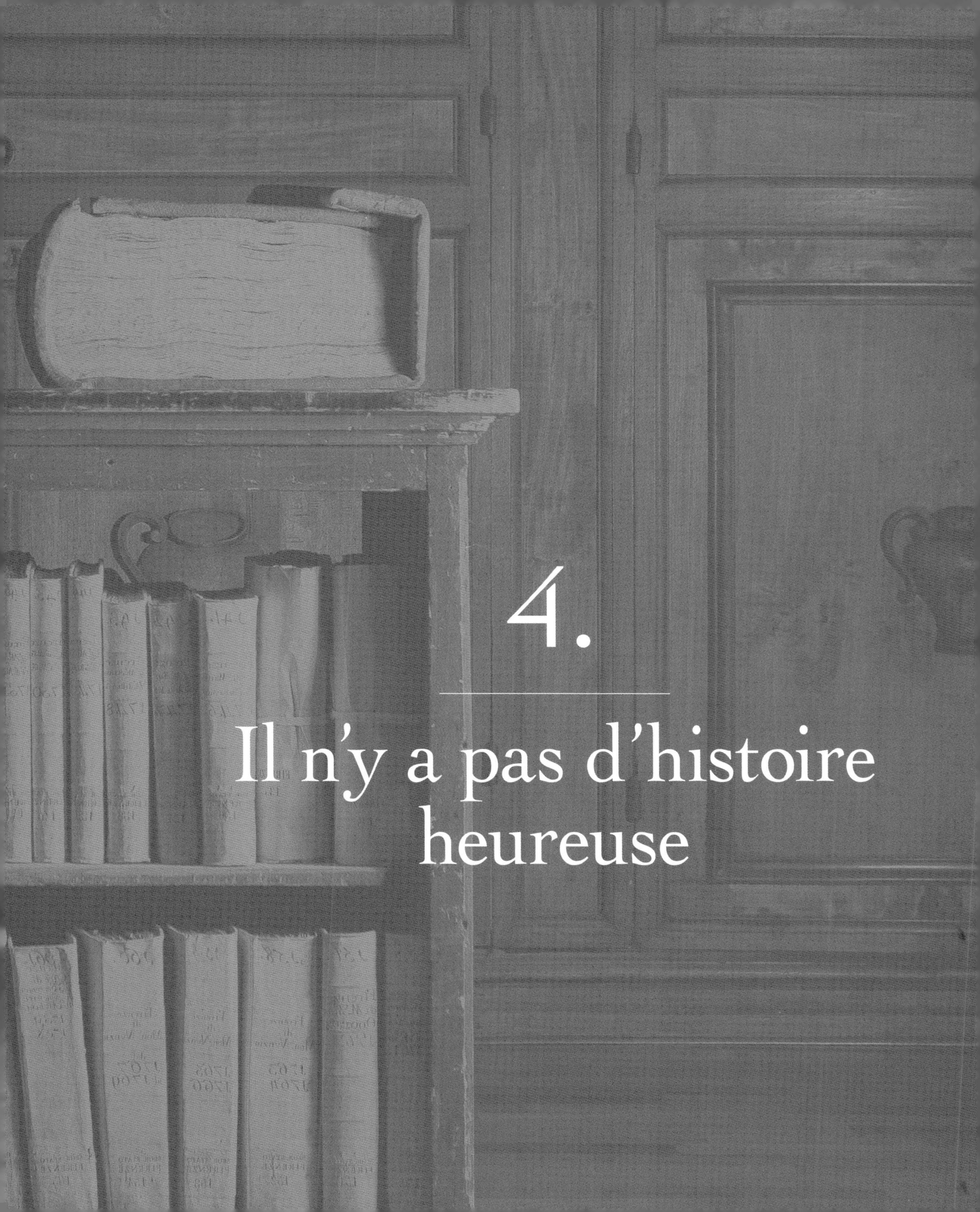

4.

Il n’y a pas d’histoire heureuse

FRANCIA

L'idée m'est venue en regardant des émissions télévisées consacrées aux animaux sauvages. Beaucoup d'entre elles sont bien réalisées, mais la plupart hésitent à montrer les tourments que le prédateur inflige à sa victime. L'idéologie du moment confère à l'animal une sorte d'innocence originelle qui rend insupportable toute « cruauté » de sa part et, par voie de conséquence, toute atteinte faite par l'homme à son intégrité physique, a fortiori sa mise à mort. Le XVIIIe siècle avait inventé le mythe du bon sauvage, le nôtre se réfère à celui des « droits de l'animal ». Or, la mise à mort appartient au cœur même de ce qu'il est convenu d'appeler la chaîne alimentaire : il est nécessaire pour survivre que le supérieur dévore celui qui se trouve placé à un rang inférieur. Ce n'est que dans la parousie que « Le loup habitera avec l'agneau, la panthère se couchera avec le chevreau. Le veau, le lionceau et la bête grasse paîtront, [...] ensemble se coucheront leurs petits. Le lion comme le bœuf mangera de la paille... sur le trou de la vipère, le jeune enfant mettra la main » (Isaïe 11, 6-8).

Je me suis demandé s'il n'en allait pas de même, d'une certaine manière, dans l'histoire humaine. Les plus forts font disparaître les plus faibles, à moins qu'ils ne les asservissent. Les civilisations se succèdent et jettent dans les oubliettes du temps, souvent avec violence, celles qui ont perdu, avec l'estime d'elles-mêmes, l'énergie du futur. S'il est vrai que les peuples heureux n'ont pas d'histoire, comme il est souvent dit, l'Histoire, elle, abonde en pages sanglantes. Le drame devient ainsi le moteur de la marche des siècles. S'il est nécessaire que les artisans de paix, pour reprendre les termes mêmes des Béatitudes, s'entendent pour aménager des périodes de calme, en mettant les conflits en sourdine et faisant taire les armes, ces temps-là sont inévitablement de courte durée. La paix définitive reste une promesse eschatologique. Qui veut comprendre l'Histoire doit passer par le sang et la foudre.

Salle Chigiane dans
les Archives secrètes.

Pourquoi, depuis Antigone, la tragédie des femmes nous semble-t-elle plus révoltante ? Voici l'impératrice Hélène. L'Histoire ne parle guère d'elle. Nous sommes en 1644. Les Mandchous occupent Pékin et fondent la dynastie Qing qui ne s'éteindra qu'en 1912. Pendant ce temps, les partisans des Ming se replient dans le Sud et y instaurent un empire éphémère. Les jésuites installés à Pékin offrent leurs services aux Qing, tandis que ceux du sud se rapprochent des Ming. L'un d'entre eux, le père Wolfgang A. X. Koffler, parvient, en 1648, à convertir l'impératrice veuve Wang qui reçoit Hélène comme nom de baptême. Avec elle embrassent la foi chrétienne la mère naturelle de l'empereur, l'impératrice Xiao Gang Wang, et le fils même du souverain. Le christianisme figure désormais parmi les religions officielles de l'empire. Pendant ce temps, les troupes mandchoues avancent inexorablement et la cour doit fuir, reculant sans cesse plus au sud. En février 1650, lors d'une halte dans la ville de Nanning, l'impératrice Hélène décide d'écrire au pape Innocent X pour l'informer de sa propre conversion et lui demander de l'aide.

Les Archives conservent ce magnifique document. Les idéogrammes d'or sont disposés sur une longue pièce de soie mauve, l'ensemble étant placé dans un tube de bambou décoré du dragon, le symbole impérial. Le père Michal Piotr Boym est mandaté pour remettre la lettre au Souverain Pontife, mais il rencontre les pires difficultés, les chancelleries occidentales ayant abandonné les Ming. Il arrive à Rome en mars 1653 : les congrégations hésitent, craignent une supercherie et multiplient les réunions. Le jésuite reçoit finalement, le 18 décembre 1655, un bref apostolique signé du nouveau pape, Alexandre VII : le ton en est courtois, mais ne contient aucune espèce d'engagement. L'impératrice ne saura rien de cette occasion manquée, car la réponse mettra trop de temps avant de lui parvenir : elle quitte la scène à l'été 1651, sans doute après une mort violente, peu avant que ne s'effacent les derniers Ming et l'empire du Sud.

On a voulu faire de Marie Stuart une héroïne romantique, avec Alfieri ou Schiller ou, plus près de nous, Stefan Zweig. N'avait-elle pris comme devise : « En ma fin gît mon commencement » ? La réalité est plus complexe. Reine de France et d'Écosse, élevée à la cour des Valois connue pour son raffinement extrême, elle retourne dans son rude pays battu par les tempêtes et ne parvient à gouverner qu'avec les plus grandes difficultés, par intermittence. Intrigues, luttes entre les clans, guerres de rivalité, pratiques courantes de la trahison, haine des presbytériens envers les « papistes », sans compter une vie sentimentale heurtée : Marie Stuart avait-elle la carrure d'un chef politique, à la différence de sa cousine germaine, Elisabeth d'Angleterre ? En juin 1567, une clique de nobles l'enferme dans le château de Loch Leven, puis la force à abdiquer. Marie réussit à s'échapper et se ré-

Lettre de l'impératrice Hélène
au pape Innocent X
(ASV, *A.A.*, *Arm. I-XVIII* 1790).

永曆四年十月

fugie auprès de sa cousine qui la place en détention. Elle passera dix-neuf ans en prison, presque la moitié de son existence ! William Cecil, le secrétaire d'État anglais, qui voit dans le catholicisme de la nièce d'Henri VIII une menace pour le protestantisme nouvellement implanté dans le pays, parvient à compromettre Marie Stuart dans un complot et la fait comparaître dans une cour composée de trente-six commissaires : elle est condamnée à mort en octobre 1586.

Le 23 novembre, Marie Stuart écrit longuement à Sixte Quint. Les Archives ont montré ce touchant document en plusieurs expositions, la dernière fois en 2012. Rédigée en français, sur un parchemin jaunâtre, la lettre témoigne d'une grande force de caractère. Le sceau de l'évêque Lewis Owen en garantit l'authenticité. De sa geôle de Fotheringay, Marie Stuart informe le pape de ses souffrances qu'elle accepte avec tranquillité : « Maintenant, Très Saint-Père, il a plu à Dieu de permettre pour mes péchés et ceux de cette île malheureuse [...] qu'après vingt ans de prison, je sois réduite à un strict enfermement et finalement condamnée à mort par les États et une assemblée hérétique de ce pays. » Elle professe sa foi catholique et recommande son âme à Dieu. La sentence est mise à exécution le 8 février 1587, sans qu'il soit assuré que la reine Élisabeth qui redoutait que l'on portât la main sur l'oint du Seigneur l'ait expressément approuvée.

La Révolution française reste une énigme. Ce ne sont pas tellement les bouleversements sociaux qu'elle entraîne qui surprennent et étonnent, mais sa soudaineté et son caractère imprévisible. Comment un siècle si raffiné, si élégant, si novateur en ses idées, au cours duquel la musique, l'architecture, la peinture, la décoration, la langue, enfin, et jusqu'à l'habillement, atteignirent des sommets, a-t-il pu déboucher en un rien de temps sur une telle tragédie ? Le système politique était-il à ce point vermoulu ? La radicalité si nécessaire ? Les Lumières avaient-elles réussi à illuminer tous les esprits au point de leur laisser croire, comme le proclamait Saint-Just, que le bonheur était devenu une idée neuve en Europe ? Certes, une partie de l'élite avait pris ses distances envers l'Église, mais la grande majorité des Français s'était-elle lassée de sa foi chrétienne ? Une civilisation jette souvent ses feux les plus beaux à la veille de disparaître. « Qui n'a pas vécu dans les années voisines de 1780 n'a pas connu le plaisir de vivre », dira un jour Charles-Maurice de Talleyrand-Périgord, ex-évêque d'Autun, avec un regret infini. Quant au comte de Ségur, il écrira : « Nous marchions gaiement sur un tapis de fleurs qui nous cachait l'abîme ». De fait, presque personne n'avait prévu un tel tremblement de terre. Au matin du 4 mai 1789, sous un dais de tissu d'or, Monseigneur l'Archevêque de Paris portait le Saint-Sacrement dans un ostensoir flambant comme le soleil : au cours de la messe du Saint-Esprit, les trois Ordres du royaume Très-Chrétien demandaient à Dieu d'éclairer les travaux de l'Assemblée qui allait s'ouvrir le lendemain, convoquée par le roi. Moins de quatre ans plus tard, c'est-à-dire le temps d'un soupir aux yeux de l'histoire, Louis XVI avait été conduit à l'échafaud, sa femme et sa sœur s'apprêtaient à le suivre, la guillotine, les fusillades et les noyades marchaient à plein régime pour les aristocrates comme pour des dizaines de milliers de simples citoyens, la monarchie était abolie, la République instaurée, le droit bouleversé, la patrie proclamée en danger, la Vendée dévastée, la foi chrétienne déclarée hors-la-loi et ses prêtres, ses religieux, ses fidèles, persécutés.

La vie de la reine Marie-Antoinette offre un raccourci, un « digest » de cette page étonnante, comme l'histoire n'en a guère connu de semblables. Il suffirait d'évoquer en des images ressassées la légèreté de son insouciance enfantine, ses échappées nocturnes à l'Opéra de Paris sans le roi, ses toilettes fabuleuses, mais encore ses goûts champêtres, son intérêt pour l'agriculture dont témoigne le Hameau, sa générosité et sa fidélité en amitié, son manque de sens politique enfin. Et puis, l'arrestation de Varennes, l'enfermement à la Maison du Temple, à la Tour, à la Conciergerie, la séparation d'avec ses enfants, abandonnés à un sort redoutable, un procès ignoble… et puis encore, ces quelques lignes jetées à la hâte, sur une feuille de fortune. Sont-elles adressées à son beau-frère, le comte d'Artois, futur Charles X, dont elle était proche ? Les grands ne sont jamais si grands que dans l'épreuve. L'écriture est assurée, presque tranquille. Faisant à peine référence à sa douleur, elle trouve le courage d'offrir des vœux de nouvel an : nous sommes aux premiers jours de 1793, l'ex-reine martyre ne célébrera pas l'ouverture de l'année suivante !

Les tragédies de l'Histoire n'affectent pas seulement des personnes, bien sûr, mais aussi des groupes, des communautés, des nations. Le Temple, encore, mais beaucoup plus tôt, au début du XIVe siècle. La nation française s'apprête à voir le jour. Deux accoucheurs l'assistent : un grand-père et son petit-fils, tous deux valeureux et vrais politiques, tous deux beaux – ne parle-t-on pas de Philippe le Bel ? Le premier, Louis IX, un saint, a joué le rôle d'arbitre entre les puissances européennes, ce qui en a fait le plus « grand personnage d'Occident ». Lors de sa canonisation, en 1297, le pape Boniface VIII lui décerne le titre de *superhomo*. Il a fait entrer la fraternité dans le vocabulaire commun des hommes politiques et apporte au nouveau-né une veine charismatique et mystique.

Or, ce même pape fulmine en 1302 la bulle *Unam Sanctam*, dans laquelle il reprend à son compte la théologie mise en place durant le Moyen Âge, sous le nom des deux glaives, qui donnait à la papauté non seulement le pouvoir spirituel, mais aussi le pouvoir séculier : la tiare ne comporte-t-elle pas une triple couronne ? Il va même jusqu'à

Pages suivantes :
Dernière lettre de Marie Stuart au pape Sixte Quint (ASV, *A.A.*, *Arm. I-XVIII* 4082A).

Ego Audoenus Ludouicus Anglus dei et ap[ostoli]cae sedis gratia ep[iscop]us Cassanen[sis]
utriusque signaturae S[anctissi]mi D. N. papae referendarius [illegible]
bona fide facio ep[isto]lam hanc superius exaratam idiomate Gallico [illegible]
[illegible] scriptam esse manu propria clarae me[moriae] Mariae [illegible]
nuper Scotiae reginae idque pro comperto omnino habeo ex similibus
lit[ter]is quas vidi et sine ulla dubitatione [illegible]
didici scriptas fuisse propria eiusdem reginae manu [illegible]
Rev[erendissi]mus D[omi]nus Jacobus Betton Archiep[iscopu]s Glasguen[sis] [illegible] orator
Scotiae ad regem Christianissimum [illegible] suas ad me l[itte]ras 28 die
februarij huius praesentis anni 1588 datas Parisijs affirmat hanc
ipsam ep[isto]lam [illegible]
[illegible] reddendam ad me misit esse totam scriptam propria ipsius
[illegible] manu. Ad cuius rei fidem et probationem
hac propria mea manu scripsi et meo sigillo signavi
Romae die 25 mensis Martij 1588.
Audoenus ep[iscop]us Cassanen[sis]

4

vouloir disposer de tous les biens et revenus du clergé qui se voit exempté des autres taxes locales. Il faut donc renverser la situation. Philippe le Bel pratiquera ce que l'on appellera plus tard la *realpolitik*, le primat du politique sur toute considération morale. C'est ainsi que s'élaborera au fil des ans la théorie de la raison d'État, seconde veine nationale à laquelle adhéreront sans peine tous les régimes de ce pays.

Le roi va se servir des Templiers qui tenaient les cordons de la bourse royale. Choix habile : on n'a jamais beaucoup aimé les banquiers. De fait, les Templiers font l'objet de rumeurs malveillantes : hérésie, idolâtrie, sodomie, simonie… les griefs à l'encontre du clergé ne varient guère à travers les siècles. Il suffit de les transformer en accusations formelles : 231 dépositions sont ainsi recueillies sur soixante mètres de parchemin. Choix injuste : dans le conflit qui oppose le pape au roi, les Templiers prennent le plus souvent le parti du second. Choix illégal enfin : Philippe recourt à une procédure judiciaire qui dépendait exclusivement du pape et des évêques. Le résultat est brillant. Les caisses de l'État se trouvent renflouées, sans grands frais, la papauté a été affaiblie en la personne de Clément V, le clergé de France mis au pas, en quoi on peut voir là les premières amorces du gallicanisme. Les apparences sont sauves, puisque l'absolution sacramentelle est concédée à ceux qui se repentent. Il ne restera plus à ce pauvre Grand-Maître, Jacques de Molay, qui avait témoigné d'une grande maladresse, qu'à finir sur le bûcher, en 1314, accompagné de Geoffroy de Charney. Il arrive que le crime devienne la pierre angulaire sur laquelle se bâtissent les nations.

Lorsque l'ambassadrice de Grande-Bretagne m'avait demandé de préparer la visite officielle que Charles d'Angleterre et sa femme devaient faire à la Bibliothèque et aux Archives, en 2016, je songeais immédiatement à leur montrer l'un de nos documents les plus prestigieux. Le roi Henri VIII qui avait épousé Catherine d'Aragon, veuve de son frère aîné, n'avait pas réussi à avoir de fils d'elle. Et d'ailleurs, ce mariage était-il valide ? Le livre du Lévitique ne prohibait-il l'union d'un homme avec la veuve de son frère ? Il s'était amouraché entre-temps d'une fille aux yeux d'un noir profond, Anne Boley, qui se livrait et se dérobait, attisait habilement le désir de son soupirant sans l'assouvir, refusant d'être une maîtresse parmi les autres. Bref, la passion était à son comble. Tous parlaient de la « Grande Affaire du Roi ». Ce dernier qui se piquait de théologie et avait défendu les droits de la papauté face aux récriminations protestantes, croyait pouvoir obtenir sans difficulté l'acquiescement de Clément VII à la reconnaissance en nullité de ce mariage. Il fit intervenir la France, les Universités, des conciles d'évêques ; le cardinal Wolsey se démena auprès des autorités romaines. Rien n'y faisait : le pape Médicis, sans grand caractère, ainsi que le laisse suggérer une très belle

231 dépositions contre les Templiers recueillies sur 60 mètres de parchemin (ASV, *A.A., Arm. D* 206).

médaille de Benvenuto Cellini et soumis aux menaces de Charles-Quint, le neveu de Catherine, ne parvenait pas à se décider : il faisait traîner les choses en longueur. Il fallait donc assener un grand coup.

Le 12 juin 1530, le roi convoqua une assemblée dont le plus grand nombre venait de la Chambre des Lords. Comme plusieurs d'entre eux avaient trouvé trop agressif le ton du projet de lettre au pape, Henri interpella personnellement chaque membre et envoya ses commissaires jusque dans les résidences de ceux qui paraissaient manquer d'enthousiasme. Toute escapade devenait vaine. Environ un mois plus tard, la lettre était envoyée. Le somptueux parchemin porte 83 signatures, réparties en 13 colonnes que sépare une mince cordelette de soie, selon ses titres, ducs, marquis, barons, archevêques et abbés des principales abbayes du royaume. Pendent en son bas 85 sceaux de cire, enchâssés dans des écrins, dont quatre sont vides. L'ensemble, orné de quarante mètres de ruban et pesant deux kilos et cinq cents grammes, est impressionnant ; il a nécessité l'aménagement de toute une vitrine spécialement conçue pour cela dans l'actuel bureau du préfet.

Impressionnant, a-t-on dit ? Pas pour le pape qui se contenta, une fois encore, de réponses dilatoires. Henri VIII trancha. Il répudie Catherine, condamnée désormais à une existence incertaine, rompt avec Rome et crée une Église nationale dont il devient le chef, conservant quelques éléments du catholicisme, mais puisant plus largement dans

Médaille de Benvenuto Cellini représentant Clément VII.

Lettre des membres du Parlement anglais adressée au pape Clément VII (ASV, *A.A., Arm. I-XVIII* 4098A).

SANCTISSIMO IN CHRIS

CLE
MENS
PP VII

les théologies protestantes. La recommandation finale que le Christ fit à ses apôtres de demeurer unis (voir Jn 13, 34-35) se heurtait à l'ambition et à la faiblesse de ceux qui pourtant se présentaient comme ses plus proches fidèles. L'unité chrétienne subissait une nouvelle et très grave déchirure. Dès lors, la violence ne pouvait que se déchaîner : couvents et abbayes confisqués ou détruits, des milliers de « papistes » ou de simples opposants à la mégalomanie royale condamnés à disparaître ou à s'exiler… Ces décennies figurent parmi les plus sanglantes de l'histoire anglaise. La folie n'épargna pas les signataires de la fameuse lettre qui tint lieu d'avis de décès : le vicomte de Roch, George Boley, condamné à mort pour trahison et inceste avec sa propre sœur, la reine Anne, que le roi avait épousée en 1531, elle-même décapitée ; l'abbé de Glastonbury, Richard Whiting, pendu et écartelé pour n'avoir pas consenti à céder son abbaye à la Couronne ; l'abbé Hugh Cook de Reading, pendu, tandis que son cadavre devait pourrir sur l'estrade ; le marquis Henri Courtenay et le baron de Montaguë décapités pour s'être opposés au schisme… La malheureuse Irlande, passée sous la couronne anglaise, paiera durement, des siècles durant, sa fidélité au catholicisme.

Le Prince de Galles ne souhaita pas voir le document, sans doute par délicatesse envers le Saint-Siège ; il préféra s'extasier devant des planches moyenâgeuses, il est vrai fort belles, de bestiaires, simples et autres plantes médicales, lointains antécédents de l'engouement écologique de notre époque. Lors de la visite faite à Londres par Benoît XVI, des vêpres avaient été magnifiquement célébrées selon le rite de la High Church en la cathédrale de Westminster. Le pape me croisa dans la sacristie : « Que pensez-vous de cet office ? », me demanda-t-il. « Superbe, ai-je répondu. Des liturgies telles que l'on voudrait en vivre souvent. Ne pourrait-on pas imaginer quelque chose de semblable à Saint-Pierre ? » « Ne rêvez pas, soupira-t-il. Vous savez bien que c'est impossible », comme si la liturgie anglicane nous avait donné à respirer le subtil parfum du catholicisme intemporel… Après quoi, le pape et sa suite furent reçus par l'assemblée des évêques anglicans. Les échanges ne manquèrent ni de cordialité, ni de profondeur. Me frappa surtout l'insistance de ces pasteurs sur le fait que, selon eux, la Réforme n'avait pas représenté une rupture, mais une fidélité plus grande à l'Église plus ancienne…

Ce pauvre Clément VII collectionnait les malheurs. Avant la division, l'occupation ; on dirait aussi bien : l'invasion. En 1526, François Ier s'allie avec l'Angleterre, Venise, Florence, Milan et Rome contre Charles-Quint. L'alliance porte le nom de Ligue de Cognac. Sans solde et sans ressource, l'armée impériale sous le commandement du connétable de Bourbon décide de se payer en butin. Bologne et Florence négocient, mais Rome ne cède pas ; le pape prend même la tête de la

Pages précédentes :
Bulle de Clément VII pour le couronnement de Charles-Quint (ASV, *A.A., Arm. I-XVIII* 253).

résistance. Le 6 mai 1527, l'assaut est lancé. La Ville qui dans l'Antiquité était restée inviolée pendant huit siècles – quelle capitale moderne peut s'enorgueillir d'une telle longévité ? –, la Ville qui, certes, conquise par Alaric et les Wisigoths en 410, avait été souvent protégée par des pasteurs courageux, n'hésitant pas à aller au-devant des chefs barbares, tel Léon Ier devant Attila, en 451, pour les conjurer de ne pas entrer, la Ville Éternelle donc allait connaître, avec les troupes du souverain Très-Catholique et surtout le terrible corps des lansquenets protestants du général von Frundsberg, le sac le plus violent de son histoire, au grand émoi de toute l'Europe. Des églises et des couvents saccagés, leurs trésors artistiques pillés, des religieuses violées et des milliers de citoyens passés au fil de l'épée, sous les yeux impuissants d'un pape réfugié au château Saint-Ange qui devra payer lui-même une rançon pour en sortir !

Un traité de paix finira par être signé à Barcelone, deux ans plus tard. Restait à régler les conditions du couronnement de Charles-Quint, puisque, après avoir ceint la couronne de fer à Monza, le candidat à l'empire devait se rendre à Rome pour y être couronné par le pape. À Rome, alors que le souvenir des effroyables meurtrissures restait présent dans tous les esprits ? Il fut jugé plus décent de le déplacer à Bologne. La cérémonie se déroula le 24 février 1530, avec le faste habituel, une tribune ayant été érigée pour permettre au pape et à l'empereur de se rendre directement de leurs appartements au sanctuaire ; à la fin, Charles donna le « baiser de paix » à Clément. Le 1er mars suivant, le pape rédigea une lettre solennelle par laquelle il exhortait la chrétienté tout entière à prêter obéissance à l'empereur. La bulle ne fut jamais envoyée et resta aux Archives. On remarquera le splendide sceau en or massif et non pas en plomb, comme il était d'usage, afin de souligner la particulière solennité de l'événement. Les puissants rivalisent quelquefois entre eux à travers les symboles de leur pouvoir : vingt-cinq ans plus tard, Philippe II d'Espagne, le fils de Charles-Quint, adressa au pape de l'époque un hommage de fidélité au bas duquel était apposé l'un des sceaux les plus prestigieux que conservent les Archives : d'un or très fin, il mesure 11 cm de diamètre, pèse à peu près 800 grammes et représente le roi couronné, en majesté.

Six mois après que le pape eut signé la bulle jamais expédiée, Henri VIII lui envoyait une autre lettre, non moins solennelle.

Il arrive que la tragédie se mâtine de drôlerie, sinon de franc comique. Le roi de Suède Gustave II Adolphe rêvait d'avoir un héritier, la Providence lui envoya une fille ; qu'à cela ne tienne, elle sera élevée comme un garçon. Après la mort précoce du souverain, la Diète respecte à la lettre son souhait : Christine de Suède recevra une éducation soignée qui lui donnera le goût des sciences et de la culture. Le succès dépasse les prévisions : des garçons, Christine adoptera l'allure, le sans-gêne et jusqu'aux mœurs. Ne raconte-t-on pas que, plus tard, durant son séjour en France, elle fit des yeux doux à notre belle marquise de Sévigné ? Christine règne à partir de ses dix-huit ans, en 1644, mais ne prise guère le pouvoir. Dans ce pays encore très fruste, elle se constitue une cour de savants où figure Descartes qui, convoqué chaque fois de très bon matin, ne résistera pas au froid nordique ; avec eux elle parle science et philosophie, ses vrais centres d'intérêt. Une maladie l'oblige-t-elle à se détendre et à s'amuser ? Ce ne sont alors que jeux et festivités à la cour. Ce n'est pourtant pas ainsi que se gouverne l'État. En février 1654, la reine Christine fait part de son intention d'abdiquer. Les Archives conservent l'exemplaire le plus solennel de l'acte qui fut signé le 1er juin de la même année, au château d'Uppsala. Il s'agit de deux doubles feuillets, rattachés l'un à l'autre par un cordon de soie tressé, jaune et bleu, couleurs du drapeau royal. Le document est rédigé en dix points ; il prévoyait que soient recueillis 242 sceaux de la part des signataires, mais seulement 129 y figurent.

Qu'un souverain renonçât au trône ne pouvait qu'apparaître scandaleux en un siècle qui concevait la royauté comme engageant un lien indestructible entre le roi et son peuple, l'un ne pouvant abandonner l'autre, et inversement. Christine n'en a cure ; elle voyage, multiplie les fêtes, se met volontiers en scène et dépense sans compter. Elle se convertit même au catholicisme : son abjuration du luthéranisme est reçue, le 10 octobre 1655, par le célèbre humaniste Luc Holste, préfet de la Bibliothèque vaticane ; le 3 novembre, elle fait profession de sa nouvelle foi. Elle se rend à Rome où son entrée donne lieu à une parade fastueuse, réside un moment dans la Tour des Vents du Vatican, là même où l'archiviste installera son bureau par la suite, puis au Palais Farnese, avant d'acquérir un bel édifice, rue de la Lungara, devant lequel je passais chaque jour en me rendant au travail, à deux pas de la plus ancienne académie scientifique, celle des Lynx ; elle y installe sa pinacothèque et sa riche bibliothèque qu'elle met à la disposition des artistes, savants et philosophes de la Ville. Pendant longtemps, elle sera la seule femme à être enterrée dans la basilique de Saint-Pierre.

Deux jours avant que la reine Christine n'entrât dans Rome, Alexandre VII avait répondu à une autre souveraine convertie au catholicisme, Hélène, l'impératrice Ming.

Abdication de la reine Christine
de Suède en 1654
(ASV, *A.A., Arm. C* 1224).

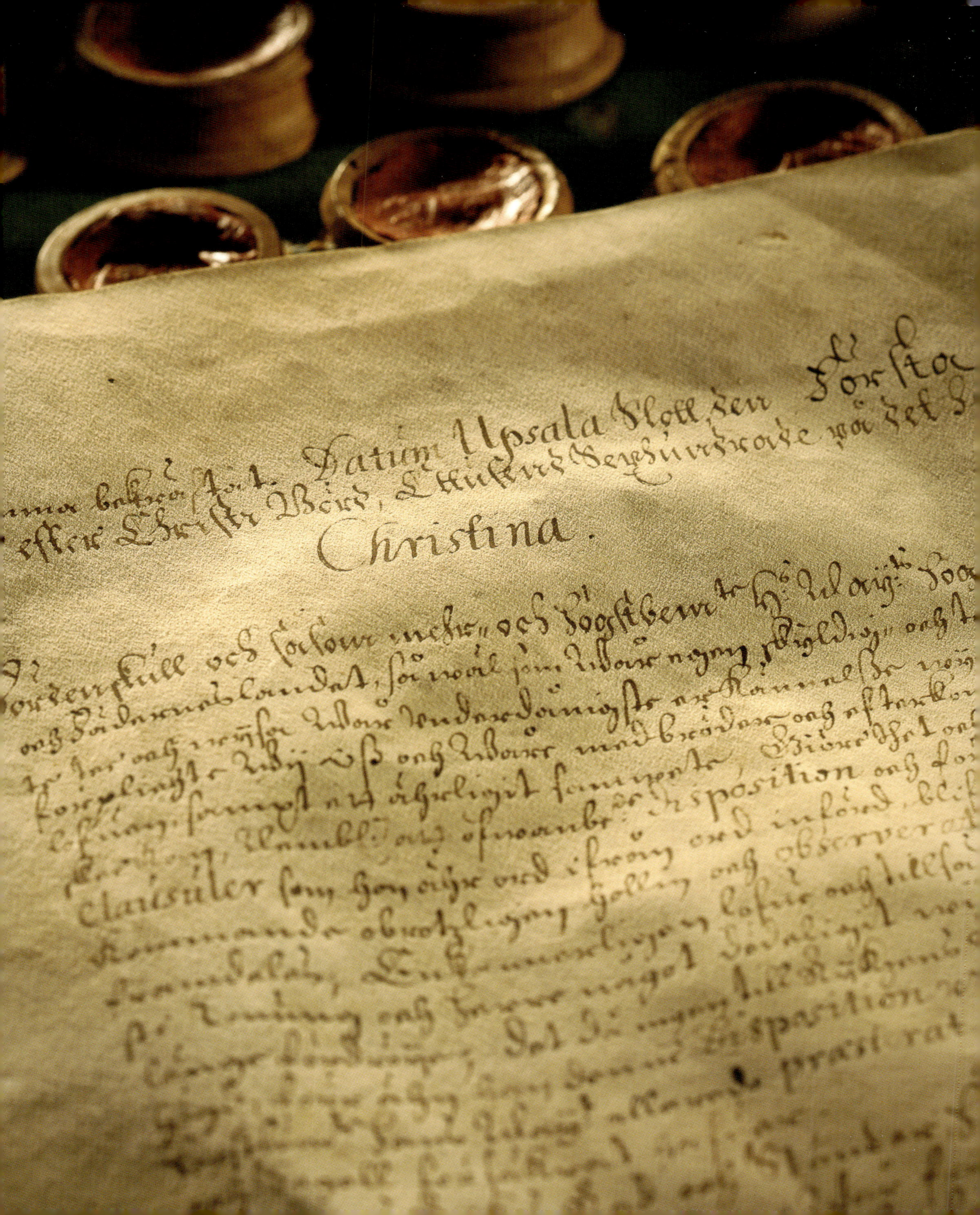
Datum Upsala Slott den
Christina

5.

Des trouées de lumière

La trame de la dramatique humaine a beau être tissée serrée, la lumière finit toujours par passer au travers. Cette lumière vient de ceux que la Vulgate nommait « les hommes de bonne volonté ». Il est dommage que les traductions liturgiques actuelles n'aient pas voulu maintenir cette magnifique expression : les hommes de bonne volonté recherchent le bien et s'appliquent à le faire rayonner en eux-mêmes et autour d'eux ; pour cette raison, Dieu ne peut que les aimer. Depuis Abel, ils se sont manifestés à toutes les époques et sous toutes les latitudes. D'une certaine manière, ces justes tiennent le monde et l'empêchent de s'abîmer en désespérance. Ils forcent notre admiration et – pourquoi pas ? – notre vénération.

L'Église voit en eux des apôtres de la charité. Si la très grande majorité d'entre eux est restée dans l'anonymat, glissant ainsi dans l'oubli des siècles, notre mémoire réussit cependant à retenir quelques témoignages émouvants. En septembre 1952, Mgr Jean-Baptiste Montini – le futur Paul VI –, alors substitut, reçut un paquet du « Service d'information pour les prisonniers de guerre », accompagné d'une lettre de Mgr J. Zabdar qui en expliquait l'origine. Le paquet contenait un registre parcheminé portant sur la couverture la mention *Die Priester von Dachau*, « Les prêtres de Dachau ». Au revers intérieur, une main décidée avait noté au crayon les précisions suivantes : *Kommando 44 Heilkräuter Andreas Rieser, Gesamtkommando Schreiber, 1942 – 26 avril 1945*. Montini parcourut les pages du volume : il y trouva le nom d'un vieil ami, Carlo Manziana, oratorien de Brescia, qu'il souligna d'un trait rouge, celui de Joseph Beran, recteur du séminaire de Prague et futur archevêque de cette même ville, du secrétaire d'un certain Angelo Giuseppe Roncalli, nonce apostolique à Paris (avant d'être élu pape en 1958)… Le document avait enregistré les noms des prêtres et religieux qui arrivaient à Dachau ; beaucoup étaient des Polonais, mais on y trouvait aussi

Détails des marqueteries attribuées à Giovannino Dolci, une partie de l'ameublement de l'ancienne bibliothèque lors du réaménagement de Sixte IV, salle des Écrivains.

Pages suivantes :

Registre du père Andreas Rieser répertoriant les religieux rentrés à Dachau (ASV, *Segr. Stato, Commissione Soccorsi* 553, 1950 Varia 70).

56. Majda Marian 9.10.1915

des Autrichiens, des Italiens, des Français et des Tchèques, appartenant pour la plupart aux franciscains, jésuites, oratoriens et rédemptoristes.

L'auteur, Andreas Rieser, un prêtre autrichien de l'archidiocèse de Salzbourg, avait été arrêté le 3 août 1938, puis déporté en raison de son opposition au régime nazi, d'abord à Dachau, puis à Buchenwald et de nouveau à Dachau. Les casernes 26, 28 et 30 de ce dernier camp constituaient le « bloc des prêtres ». Promu responsable des commandes, le père Rieser reçut le surnom d'« Ange de Dachau » : il s'attachait à décrire comment ces hommes de Dieu, au milieu de tant d'humiliations et de souffrances, continuaient à célébrer les sacrements, malgré des défenses formelles, à secourir les mourants et à porter soutien et réconfort à ceux avec lesquels ils entraient en contact, trouvant dans la prière la force d'avancer. Il racontait comment, à la barbe des gardiens qui ne s'aperçurent de rien, l'évêque de Clermont-Ferrand, Mgr Gabriel Piguet, avait réussi à ordonner prêtre Karl Leister, fait diacre sur place, dans une cérémonie improvisée : la crosse avait été sculptée dans un morceau de bois, l'anneau confectionné avec un bout de cuivre, jusqu'à la mitre qui avait été taillée dans un coin de soie violette : des pasteurs et des juifs avaient

Des prisonniers libérés du camp de Dachau en Allemagne, 1945 (photographie).

Stefano Maderno (1576-1636), *Le Martyre de sainte Cécile* (marbre). Conservé à l'église Sainte-Cécile-du-Trastevere, Rome, Italie.

participé à l'événement. L'évêque dira plus tard que ce fut le plus beau jour de sa vie.

Le 13 septembre, Mgr Montini montra le registre au pape Pie XII qui se montra ému en tournant les pages avec une grande attention ; il demanda qu'une lettre de remerciement particulièrement appuyée soit envoyée à l'« Ange de Dachau ».

Au cours de la cérémonie de l'ordination sacerdotale, un moment m'émeut chaque fois davantage : lorsque le candidat se met à plat ventre devant le célébrant et devant l'autel, en signe d'abandon à la volonté de Dieu à travers la médiation de ses supérieurs, et qu'est lancée la litanie des saints. On dirait un chant de marche, si du moins la musique retenue reste nerveuse et allante. La répétition des « Priez pour nous » scande nos pas. Cette longue théorie des anges et des prophètes, des apôtres, des pasteurs, des martyrs et des moines, des hommes et des femmes de toutes les époques qui ont suivi le Christ, pourquoi les invoque-t-on avant l'imposition des mains ? Le rituel place dans la bouche de l'évêque les paroles suivantes : « Avec tous les saints du ciel qui intercèdent pour nous, confions à la miséricorde de Dieu ceux qu'il a choisis comme prêtres ». L'intercession s'entend ainsi de trois manières : on prend les saints à témoin de l'engagement qui va suivre ; on leur demande de devenir les garants de la fidélité promise ; on leur rappelle enfin leur mission d'avocats auprès du tribunal de la miséricorde divine. Témoins, garants, avocats : n'est-ce pas suffisant pour prouver leur singulière efficacité ?

Certains d'entre eux nous seront toujours plus proches. Je suis né le jour de la fête de sainte Cécile ; aussi m'a-t-elle toujours assisté. Je ne dirai pas qu'elle m'a beaucoup

aidé dans mes capacités musicales qui restent médiocres, mais je lui attribuerais volontiers le goût de la musique elle-même et, à travers lui, la nostalgie de la beauté et le sens des « choses d'en haut », pour parler comme saint Paul (Col 3, 2). Quand je suis arrivé à Rome, je ne savais où loger : elle prit donc les choses en main et me conduisit à deux pas du lieu présumé de sa maison. Nous sommes donc devenus voisins à un double titre, dans l'espace et dans le temps. Mieux encore, elle me fit connaître ses amies : c'est ainsi que je découvris sainte Françoise Romaine. Je ne la connaissais pas, je fus séduit.

Depuis les temps lointains des Cécile, Agnès, Sabine, Prisca et autres, Rome n'avait plus vu grandir une sainte en ses murs. Françoise Ponziani n'a pratiquement jamais quitté la ville, son existence s'écoulant entre la Piazza Navona, le Trastevere et Tor de' Specchi. Née en 1384, à l'aube de ce qui allait être la Renaissance italienne, elle a connu tous les états de vie et excellait en chacun d'eux : mariée pendant trente-sept ans, s'entendant merveilleusement bien avec son époux, mère de trois enfants, puis fondatrice d'Oblates placées sous la règle de saint Benoît et vouées à la contemplation tout autant qu'au service des pauvres. Elle-même d'ailleurs, à chaque fois que sévissait une famine ou une épidémie dans ce qui était alors le quartier le plus déshérité de la ville, employait une bonne partie de sa fortune à soulager les misères. Trois hôpitaux recevaient ses visites régulières, dont le plus célèbre subsiste encore de nos jours, Santo Spirito in Sassia ; elle mettait une sorte de point d'honneur à soigner les malades de ses mains. Elle mourut en 1440, au milieu de ses filles religieuses, alors que le petit peuple parlait déjà de « la sainte du Trastevere ». Il y avait en elle quelque chose de l'antique matrone romaine, d'où son nom. Noblesse et goût des humbles : peut-on imaginer charité plus convaincante ?

Le curé de Santa Maria in Trastevere – ma paroisse durant toute ma période romaine –, Giovanni Mattiotti, qui était aussi son confesseur, admirait que cette femme à la santé fragile, portant le cilice à même la peau et tourmentée par de nombreuses apparitions du démon, fût devenue une mystique de haut vol, faisant d'elle l'égale de Catherine de Sienne ou de Brigitte de Suède : il eut l'idée de transcrire ses visions dans le dialecte romain de l'époque, puis en latin, sous le titre *Traités de la vie et des visions de sainte Françoise Romaine*. Les Archives en possèdent un luxueux exemplaire, datant de 1469, postérieur donc d'une génération au départ de la sainte. Abondamment illustré et portant des miniatures à la feuille d'or, il s'agit du manuscrit autographe du confesseur, arrivé dans les archives du château Saint-Ange en 1608. La sainte m'envoya encore un signe tout récemment : les *Servantes des Pauvres* d'Angers m'avaient invité à donner à leurs nombreuses jeunes sœurs une session de théologie ; elles m'expliquèrent qu'elles vivaient de la règle de saint Benoît dont elles portaient l'habit et s'attachaient à soigner les malades néces-

Traités de la vie et des visions de sainte Françoise Romaine (ASV, *A.A., Arm. I-XVIII* 3350).

siteux. Elles se réclamaient donc de sainte Françoise Romaine, invoquée au matin de chaque journée de notre travail...

Les Lumières ont fait des couvents et monastères des foyers d'obscurantisme, voire de perversion, comme dans *La Religieuse* de Diderot. La littérature anticléricale des siècles suivants reviendra constamment sur ces clichés : ne peut-on pas reconnaître qu'il en reste quelque chose dans l'opinion de notre temps ? À l'aune de l'utilité sociale, quelle peut être la valeur de la prière, du silence, du retrait du monde, de la contemplation ? Visitant une abbaye, Joseph II avait été choqué de constater que les moines prenaient leurs repas en silence, pendant que l'un d'entre eux faisait la lecture – en un siècle où l'on prisait tellement la conversation ! Il exigea, sous peine de les fermer, que les maisons religieuses s'ouvrissent à des services sociaux tels que les dispensaires, les asiles et surtout les écoles. On aurait pu rappeler que dans des pays comme l'Italie, l'Espagne, l'Allemagne, la France, les Flandres, mais encore dans les colonies du Nouveau Monde, abbayes et couvents avaient compté parmi les plus grands mécènes de la vie artistique. Mais voilà, la modernité naissait dans le refus du passé, surtout s'il était chrétien ! Mirabeau l'avait d'ailleurs annoncé au début de la Révolution : « Il faut décatholiciser la France. »

Il suffit pourtant de prendre un peu de hauteur. Sait-on, par exemple, que presque tous les maîtres du « siècle d'or » espagnol – un des grands moments de l'histoire de l'humanité – avaient fait profession religieuse ou reçu la tonsure ? Les carmes Thérèse d'Ávila et Jean de la Croix chantent les saisons et les nuits de l'âme en quête de son Seigneur et donnent naissance, sans le vouloir vraiment, à une poésie qui restera sans égale dans la littérature nationale. L'augustin Fray Luís de León fait une splendide apologie de la femme à une époque où cela n'allait nullement de soi. Le jésuite Tirso de Molina invente le mythe devenu universel du Don Juan, tandis que, bien avant le XVIIIe siècle, un autre jésuite, Baltasar Gracián y Morales, décrit le comportement de « l'homme universel ». Le prêtre Calderón de la Barca efface les frontières entre le rêve et la réalité, puisque toute vie est un songe. Lope de Vega, ordonné lui aussi, décrit les méandres du cœur humain et supprime la distinction classique, héritée des Grecs et des Romains, entre la comédie et la tragédie, tandis que la moniale Juana Iñes de la Cruz donne à la littérature mexicaine ses premières lettres de noblesse...

Toutefois, ce n'est pas d'abord par une démarche littéraire que j'entrai dans une certaine familiarité avec la Sainte d'Ávila. Quand j'ai commencé mon noviciat, en 1968, les dominicains aimaient à répéter que, à la différence d'autres familles spirituelles, il n'y avait jamais eu chez eux de « méthode » pour faire oraison ; la fréquentation de la Parole de Dieu devait suffire... Fort bien, mais comment se lancer dans la grande aventure de l'oraison sans connaissance des premiers

pas ? Thérèse de Cepeda y Ahumeda vint à mon secours : je lus ses ouvrages, je dévorai l'aventure de sa vie dans la très classique biographie de Marcelle Auclair ; je suivis ses conseils pour entrer dans la prière silencieuse. Ce n'est pourtant pas un de ses livres que je voudrais présenter ici, mais une lettre. La réformatrice du carmel était comme dévorée par la passion de la correspondance : elle écrivit quinze mille lettres dont il n'en reste qu'un peu moins de cinq cents. Malgré des journées harassantes, elle se tenait à son

Seul portrait de Thérèse réalisé de son vivant par le frère Jean de La Misère.

écritoire souvent jusqu'à l'aube, à tel point que le manque de sommeil lui occasionnait de terribles maux de tête (*el ruido grande de cabeza*)...

Les Archives possèdent celle qu'elle écrivit, par une froide nuit de l'hiver tolédan, au père Ambrosio Mariano de San Benito, chargé d'accompagner les fondations des Carmes déchaux auprès de la Cour de Madrid. Datée de 1577, elle illustre bien ce que Thérèse d'Ávila appelait, non sans une certaine coquetterie, le « martyre de l'écriture ». Dans une langue d'une suprême élégance, la visionnaire mystique donne des conseils pratiques à son correspondant et passe en revue une quinzaine de personnages, dont le roi, des membres de la Cour et de la Curie romaine, des nonces ecclésiastiques, le Général des carmes, des visiteurs de l'Ordre et d'autres clercs et laïcs... Cet exemplaire fut offert à Paul VI par le Général De Gaulle, le 31 mai 1964, quand celui-ci effectua une visite d'État au Vatican (il est d'usage que les cadeaux de ce genre soient ensuite remis à la Bibliothèque ou aux Archives). Celle qui avait été canonisée en 1622 sera proclamée Docteur de l'Église en 1970.

Saints occasionnels et saints de rencontre, mais encore saints de sa propre famille. Tandis que la figure de saint Dominique est toujours restée pour moi quelque peu insaisissable, enveloppée d'une nuée mystérieuse, celle du plus connu de ses fils éclate de lumière. Lumière, en effet, mais encore sainteté de l'intelligence, sagesse en un mot : tels sont les mots et les images qui affleurent à l'esprit quand on évoque saint Thomas d'Aquin. Le 25 mai 1727, le pape Benoît XIII érigeait à Rome le *Studium* des Dominicains. Le décret présentait la doctrine de celui qui allait devenir le docteur commun de l'Église comme une lumière destinée à éclairer non seulement l'Église, mais la société tout entière. La sécularisation faisait alors ses premiers pas, une nouvelle vision de l'homme et du monde commençait à poindre dans l'intelligentsia, sous l'influence des Encyclopédistes. Vers qui se tourna l'Église ? Non point vers les théologiens du moment – on aurait été bien en peine de les trouver ! –, mais vers un Ancien qui avait anticipé l'Europe intellectuelle et étudié, puis enseigné à Cologne, Paris, Orvieto, Rome et finalement Naples.

En ce début de millénaire, alors que la sécularisation s'est imposée en plusieurs continents, il me semble que le réflexe de notre Église reste semblable : se tourner, non point vers une référence historique finalement très éloignée de notre culture, mais vers un maître, au sens absolu de ce terme, dont le rayonnement transcende les siècles. *Nova et vetera* : Thomas d'Aquin eut le génie de s'enraciner dans la Tradition la plus solide (sa connaissance des Pères et sa dette envers saint Augustin beaucoup plus forte qu'on ne semblait le reconnaître, il y a quelques décennies à peine, en témoignent), afin de saisir de l'intérieur les enjeux de la modernité. L'assimilation du passé prépare toujours l'avenir. Thomas nous laisse deux conseils.

Lettre de Thérèse d'Ávila à
Ambrosio Mariano de San Benito
(ASV, *Instr. Misc.* 7810).

D'abord, ne jamais séparer le travail intellectuel de la vie d'union à Dieu. Certes, pour saint Thomas, la théologie exerce une fonction spéculative et systématique bien définie, qui consiste à proposer une « intelligence » de la foi, à en donner des raisons certaines ou probables, afin d'éliminer les erreurs. Pour autant, il ne détache jamais cette perspective immédiate d'une finalité plus spirituelle qui pourrait se résumer dans un mot : l'élévation de l'esprit. À propos d'une question trinitaire délicate, Thomas note : « Une telle recherche n'est pas inutile, puisque par elle l'esprit est élevé pour saisir quelque chose de la vérité [*cum per eam elevetur animus ad aliquid veritatis capiendum*] » (*De pot.*, q. 9, a. 5). Cette élévation est perçue comme l'anticipation, ou la préparation, de la vision béatifique.

Le 14 octobre 2008, Benoît XVI disait avec sa clarté habituelle : « Là où l'exégèse n'est pas théologie, l'Écriture ne peut être l'âme de la théologie et vice-versa, là où la théologie n'est pas essentiellement interprétation de l'Écriture dans l'Église, cette théologie est privée de tout fondement ». Saint Thomas donne, en guise de second conseil, un exemple admirable de cette unité entre la méditation de la Parole de Dieu et la réflexion systématique. La *Somme de théologie* propose ainsi un va-et-vient constant entre cette Parole, elle-même relue dans la Tradition et à la lumière du Magistère, et la construction théologique. On se rappelle qu'au Moyen Âge, la première tâche du magister en théologie était de commenter l'Écriture tous les jours. Le titre le plus élevé à l'époque restait celui de *Magister in sacra Pagina* ou *Doctor sacrae scripturae*. *Legere*, c'est-à-dire commenter, *disputare* des questions plus ardues et enfin *praedicare* : Thomas a laissé ainsi d'admirables commentaires de l'Écriture.

Rejoindre le Maître, l'inspirateur d'une sagesse séculaire, non pas seulement par la pensée, mais encore concrètement, charnellement, pourrait-on dire : on comprend l'émotion des membres de la Commission Théologique Internationale lorsque, rendant visite à notre Bibliothèque, ils purent voir et toucher des écrits du saint même ?

Les saints ne manquent jamais de répondre à ceux qui se réclament d'eux. Avant de quitter Rome, je reçus un prix décerné par la petite ville d'Aquino. Il ne reste rien des bâtiments qu'aurait pu connaître le saint, à l'exception de l'église romane dans laquelle avait lieu la cérémonie, rien du château comtal de Roccasecca où Thomas vint au monde en 1225/1224. C'était un peu comme si le saint m'invitait à entrer dans sa vie, dans sa propre famille, et à partager ses premières expériences. Il n'est pas nécessaire d'être un disciple de Taine pour comprendre que la géographie peut exercer une influence sur la formation du caractère. Parvenu au sommet du pic rocheux, je devinais sur la gauche la proximité de l'abbaye du Mont-Cassin où Thomas fut oblat ; plus loin la ville de Naples où il commença ses études. La limite entre les États du pape et ceux de l'empereur passait devant la porte de la maison : Thomas fut passionné par ce que l'on appellerait aujourd'hui les questions-frontières et donc disputées, se mettant à l'école des grands auteurs redécouverts depuis peu, tels Aristote. Il arrive que le goût du passé fasse très moderne : n'a-t-on pas qualifié de « novella » la théologie du futur Docteur de l'Église ? Mon regard ne pouvait se détacher de l'immense plaine qui s'ouvrait au loin sur la mer : Thomas aimait les vastes horizons de la vie intellectuelle et de la contemplation dominicaine.

Le saint me rendit cette visite jusque chez moi. Peu de temps après mon retour en France, un de mes amis m'apporta une statuette qu'il venait de dénicher en Espagne : c'est ainsi qu'un saint Thomas de la fin du XVIe siècle est entré dans ma chapelle et accompagne désormais ma vie de prière.

Statue de saint Thomas, XVIe siècle (coll. personnelle de l'auteur).

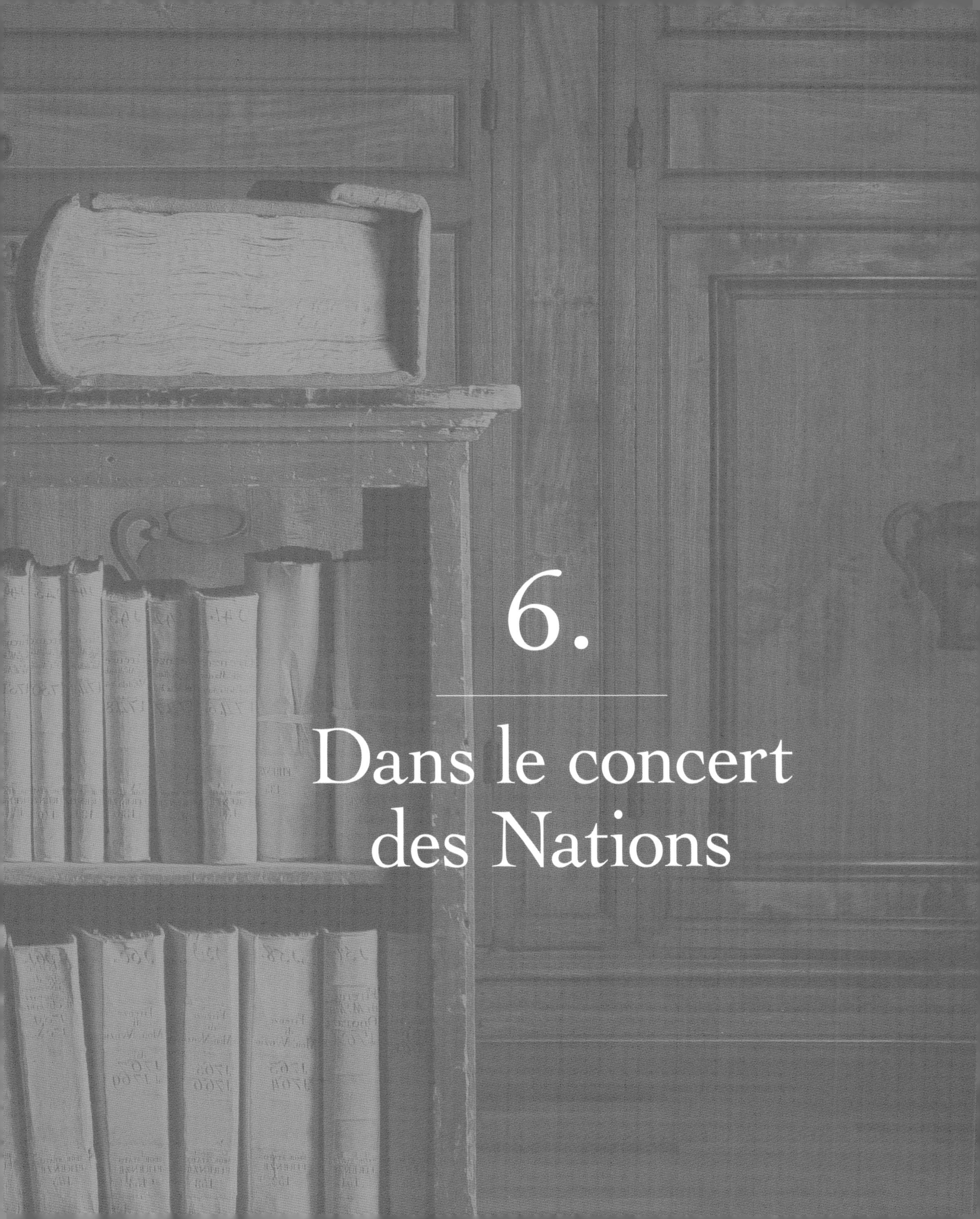

6.

Dans le concert des Nations

IN·NOMINE
SANCTAE·ET·INDIVIDVAE·TRINITATIS
PATRIS·SCILICET·ET·FILII·ET
SPIRITVS·SANCTI
IMPERATOR·CAESAR·FLAVIVS·CONSTANTINVS
in Christo IESV vno ex eadem sancta Trinitate saluatore domino Deo nostro
fidelis, mansuetus, beneficus Alemannicus, Gothicus, Sarmaticus, Germanicus,
Britannicus, Huthnicus, pius, felix, victor, ac triumphator, semper Augustus,
Sanctissimo, ac beatissimo patri patrum Syluestro vrbis Romæ Episcopo, & Papæ
atque omnibus successoribus, qui in sede beati Petri vsque in finem seculi sessuri
sunt Pontificibus, necnon omnibus reuerentissimis, & Deo amabilibus catholicis
Episcopis, eidem sacrosanctæ Romanæ Ecclesiæ per hanc nostram imperialem
constitutionem subiectis in vniuerso orbe terrarum, nunc et in posteris cunctis
retro temporibus constitutis, gratia, pax, charitas, gaudium, longanimitas, mi-
sericordia à Deo patre omnipotente, & IESV CHRISTO filio eius, et spiritu
sancto cum omnibus nobis.
Ea quæ Saluator atque Redemptor
noster dominus IESVS CHRISTVS
altissimi Patris filius per suos san
tos Apostolos Petrum, & Paulum
interueniente patre nostro Silues
tro summo Pontifice, et vniuersali Papa mirabiliter
ARCHIVVM SECRETVM APOSTOL. VATICANVM

La mission était claire. Avant de les quitter de manière définitive, le Christ déclarait aux Onze : « Allez par le monde entier, proclamez l'Évangile à toutes les créatures. Celui qui croira et sera baptisé sera sauvé, celui qui ne croira pas sera condamné » (Marc 16, 15-16). Restait à préciser les moyens. En plusieurs de mes dernières conférences, j'ai souvent souligné l'amour de l'Église naissante pour les écrits : il me semble qu'on ne trouve rien de comparable dans les autres religions. Il s'agissait de fixer ce que le Christ avait dit et fait, même si l'auteur du quatrième évangile nous avertissait, avec peut-être une pointe d'humour, que « si on les écrivait un à un [ces gestes et ces paroles], le monde entier ne pourrait, je pense, contenir les livres qu'on écrirait » (Jean 21, 25). Il s'agissait encore de raconter les premiers pas de l'Église naissante, car on pressentait bien que le comportement de la première génération devait devenir un modèle pour les siècles à venir.

Le livre des Actes des Apôtres raconte ainsi les diverses manières de proclamer l'Évangile adoptées par les premiers croyants : prédication, enseignement, courage dans les tribulations, engagement personnel pouvant aller jusqu'au martyre (Actes 7, 54 s.), témoignage communautaire, notamment dans la prière, partage des biens (Actes 4, 32 s.), souci des pauvres et des malades qui parvenaient quelquefois à une guérison spectaculaire (Actes 3, 7 ; 9, 32 s. ; 14, 10 ; 20, 10), mais aussi sévérité envers ceux qui trichaient (Actes 5, 5)... Ce que ne pouvait prévoir la première génération, c'est que le millénaire à venir allait être un des plus sombres de l'Histoire. Les pages se succèdent, plus tragiques les unes que les autres : trois longs siècles de persécutions, prise de Rome restée inviolée pendant huit siècles, entraînant la chute d'un empire quasi-millénaire, division entre Rome et Byzance qui aboutira à la séparation des Églises en 1054, vagues successives de grandes invasions, menaces

La fausse *Donation de Constantin*
(ASV, *A.A., Arm. I-XVIII* 2).

Pages suivantes :
Dictatus Papae de Grégoire VII
(ASV, *Reg. Vat.* 2, ff. 80v-91r).

Dictatus papae.

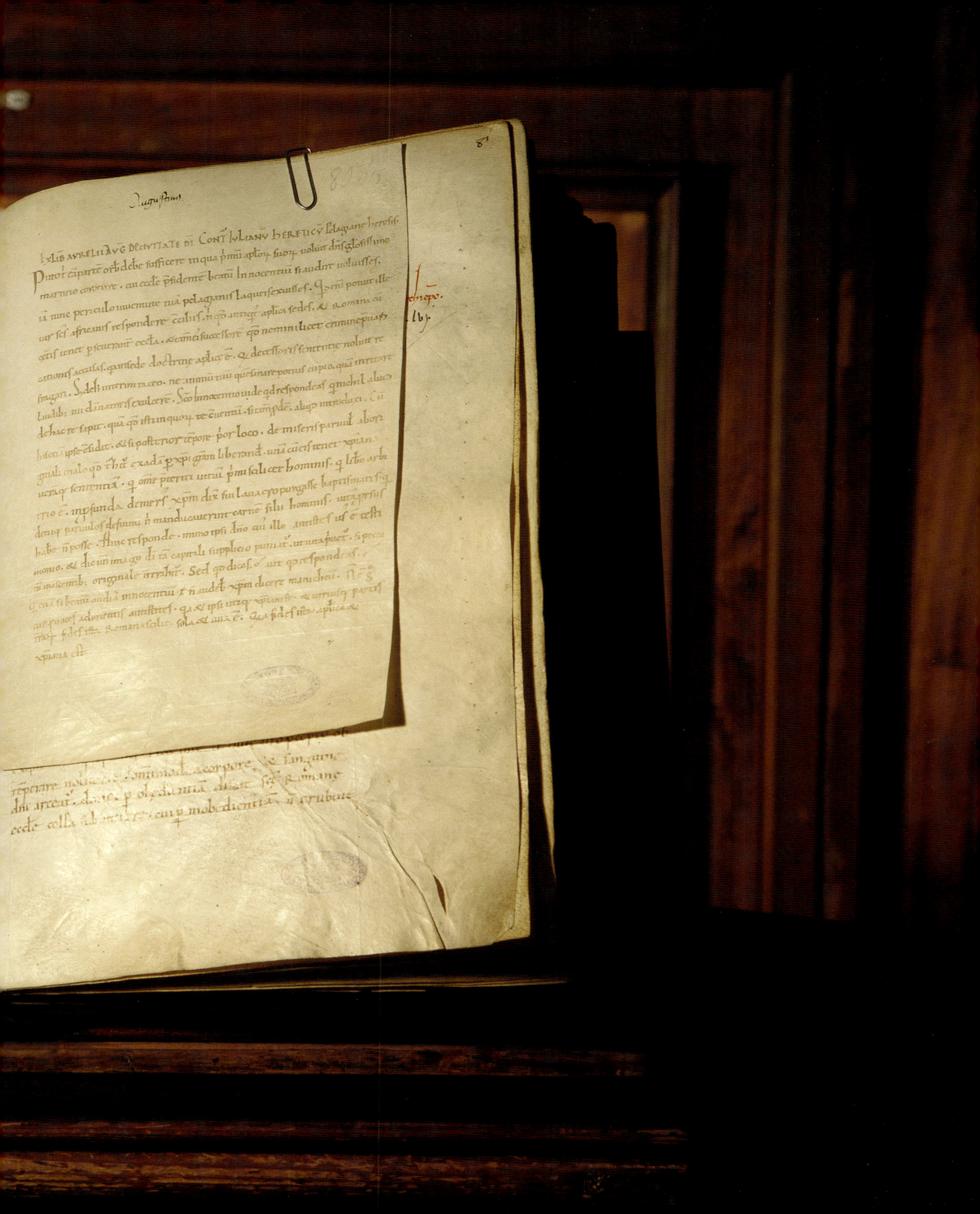

sarrasines, pullulement des hérésies, dont les plus redoutables furent l'arianisme, le pélagianisme et le manichéisme, effondrement du droit et de l'administration, régression de toutes les formes de la culture, tarissement des arts, violences affreuses, quand on s'égorgeait allègrement entre parents, frères ou cousins, enfin incroyable dégradation des mœurs. On a parlé des « temps barbares ». L'expression mériterait d'être nuancée, car il y eut de belles éclaircies, comme la réforme carolingienne (VIIIe-IXe siècles), hélas trop éphémère ; l'ensemble reste terriblement sombre.

Un monde s'effondrait, un « monde aux cheveux blancs », disait saint Eucher, évêque de Lyon. L'Église seule tint le coup. Saint Augustin, mort en 430, continuait à écrire et à prêcher, alors qu'Hippone était assiégée par les Vandales. Des papes et des évêques courageux furent les seuls à se porter au-devant des envahisseurs, afin de les convaincre d'épargner leurs villes (452). La sainteté donna de splendides figures, telles que saint Martin de Tours et saint Rémy de Reims, sans oublier de fortes femmes, au premier rang desquelles on peut mentionner sainte Clotilde, la femme de Clovis. La vie monastique, avec saint Colomban et saint Benoît, recouvrit l'Europe occidentale d'un manteau de monastères et d'abbayes. L'évangélisation gagna l'Irlande, avec saint Patrick (Ve siècle), l'Angleterre, avec saint Augustin de Cantorbéry (VIe siècle), qui recommandait de ne pas détruire les temples païens et de se contenter d'y installer les nouveaux rites, la Germanie, avec saint Boniface (VIIIe siècle). L'Église seule lutta pour civiliser l'anarchie générale. Seule, elle continua à cultiver les terres et à déchiffrer. Seule, elle sut conserver et transmettre, par le dévouement de milliers de copistes anonymes, les grands ouvrages de l'Antiquité. Seule, elle tenta de réguler la violence des mœurs et d'instaurer des temps de paix. Bref, elle se comporta comme l'unique *Defensor civitatis*.

Il n'y a pas loin finalement de la défense de la cité à son gouvernement. Au IXe siècle, un courant très net, issu de sources différentes, tendit à rehausser la papauté. S'appuyant sur une certaine lecture de *La Cité de Dieu* de saint Augustin, il imposa l'idée que le pouvoir spirituel devait dominer le pouvoir politique. Le pape Nicolas Ier, le premier grand pape de l'époque médiévale (858-867), aimait à répéter : « Autant l'esprit l'emporte sur la chair, autant les choses spirituelles sur les terrestres. » Ainsi naquit l'État pontifical.

Cet État ne constitua jamais ce que l'on appellerait aujourd'hui une grande puissance, même si sa position pouvait présenter quelque intérêt stratégique, entre Naples, Florence, Milan et Venise : il n'occupa qu'un territoire modeste, au centre de la péninsule italienne, et son armée n'a guère laissé de souvenirs éclatants dans la littérature militaire, mais il abritait Rome, l'héritière du plus fabuleux des empires antiques devenue capitale de la chrétienté. La Providence imagina cependant une précaution afin que cet État ne se prît jamais tout à fait au sérieux : son origine reposait sur un faux, la *Donation de Constantin*. La copie conservée aux Archives (*voir page 122*) – un beau codex sur parchemin du XVIe siècle – montre qu'il s'agit d'un document se composant de deux parties bien distinctes. Dans la première, Constantin raconte sa guérison miraculeuse, sa conversion et professe sa foi au Christ. Dans la seconde – la donation à proprement parler –, il reconnaît au pape la souveraineté sur Rome, l'Italie et les provinces occidentales de l'empire, et affirme la primauté du siège de Rome sur ceux de Constantinople, Alexandrie, Antioche et Jérusalem ; surtout, il attribue au pape une autorité supérieure à celle des princes. Le texte de la *Donation* (composé sans doute entre 754 et 767) apparaît pour la première fois dans un recueil de documents canoniques du milieu du IXe siècle sous le nom de *Fausses décrétales*. On entend par là un ensemble de pièces apocryphes fabriquées sans doute par un porte-parole de cet épiscopat réformateur si actif en ce milieu de siècle ; ce faussaire de génie est connu sous le nom d'Isidorus Mercator ; peut-être était-il un clerc de la basilique du Latran ; en réalité, on ne sait rien de lui.

La *Donation* reçut son premier usage direct en 1053 dans un conflit qui opposait Rome à Constantinople : Léon IX s'y référait pour asseoir sa primauté, expliquant qu'il s'agissait là d'une prescription divine. Grégoire VII, l'un des plus éminents pontifes du Moyen Âge, s'en servira, dans ses *Dictatus Papae* (1075), lorsqu'il affirmera la suprématie du pape sur l'empereur : seul le pape peut porter les insignes impériaux (art. 8) ; les princes doivent baiser les pieds du seul pape (art. 9) ; le pape a le droit de déposer les empereurs (art. 12) ; personne ne peut annuler le jugement porté par le pape, tandis que lui peut annuler le jugement de quiconque (art. 19). Henri IV, l'empereur germanique, dut ainsi se rendre à Canossa pour implorer le pardon pontifical. Ce sera la première « réforme grégorienne ». Ce texte fameux qui m'avait donné tant de peine lorsque, sous la direction du père Congar, j'eus à rédiger l'un de mes premiers devoirs en théologie, se trouvait là, sous mes propres yeux ! La *Donation* n'acquit toutefois sa véritable légitimité qu'en 1140, lorsqu'elle fut adjointe au *Décret* de Gratien.

Mille ans : un faux peut entraîner de durables conséquences. Certes, l'authenticité de la *Donation* avait éveillé la suspicion de plusieurs juristes et théologiens : en 1440, l'humaniste Lorenzo Valla la mit en doute de manière indiscutable. Pourtant, l'État pontifical a duré mille ans. Profitant des tourmentes provoquées par l'invasion napoléonienne du début du XIXe siècle, les rois de Piémont-Sardaigne avaient peu à peu grignoté un domaine pontifical exténué dont le « malgoverno » faisait la risée des cours européennes. Il fallait en finir, au nom de l'unité italienne. Le 11 septembre 1870, le général Raffaele Cadorna, à la tête d'une armée forte de plus de 50 000 hommes, franchit la frontière des États pontificaux et s'avance vers Rome. La ville est défendue par une petite troupe de 13 000 hommes : les gardes suisses et les zouaves, une unité créée en 1861 par l'armée française et composée de volontaires européens. Pie IX, qui a perdu le soutien de Napoléon III, après la défaite française de Sedan, sait qu'il n'a aucune chance de tenir. Il ne veut pas verser le sang, mais ne souhaite pas que sa capitulation soit interprétée comme une acceptation du fait accompli : il demande donc que l'on se retire à l'intérieur des murs et que ne soit opposée qu'une résistance réduite au strict nécessaire. Un combat pour l'honneur, en somme. Le 20 septembre, à 5h15, Cadorna lance l'assaut et ouvre le feu. Ses troupes pénètrent dans la ville par une brèche située à proximité de la Porte Pia (qui devait se situer à la hauteur des jardins de ce qui est aujourd'hui l'ambassade française près le Saint-Siège). L'engagement dure quatre heures : il fait 19 morts chez les pontificaux et 49 chez les Piémontais. Le drapeau blanc est hissé sur la coupole de Saint-Pierre. Cadorna et le général Hermann Kanzler, commandant de l'armée pontificale, se retrouvent à la Villa Albani. La capitulation est signée. Elle laisse au pape la Cité Léonine, mais à la suite du plébiscite du 2 octobre, celle-ci finira par être annexée au royaume d'Italie. L'État millénaire venait de quitter l'Histoire. Pie IX proteste et dénonce un « grand sacrilège et la plus énorme injustice » ; pendant une soixantaine d'années, lui et ses successeurs se considéreront

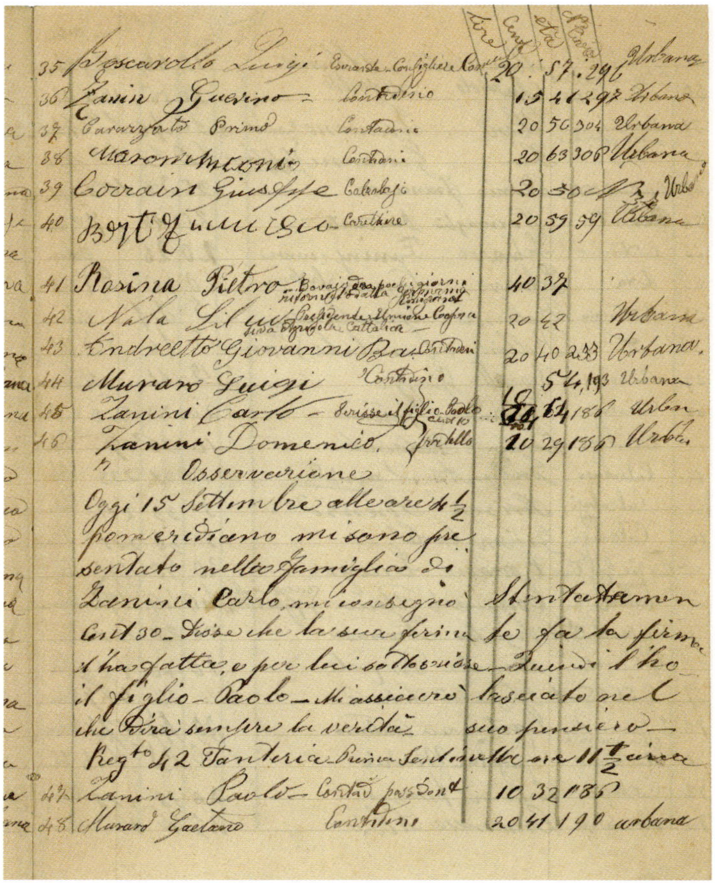

comme prisonniers au Vatican. Il y eut des regrets et des remords. En 1912, le curé de la petite ville d'Urbana, dans la province de Padoue, écrivait à Pie X pour lui présenter les excuses de toute la communauté qui avait signé la lettre : l'un des siens, Carlo Zanini, avait participé à la prise de Rome ; il avait même été la première sentinelle placée à la Porte Pia ! La réponse du Vatican levait les

Carlo Zanini, première sentinelle placée à la Porta Pia le matin du 20 septembre 1870 lors de la prise de Rome (*Indirizzi Pio* X 731).

Capitulation de l'armée papale après la prise de Rome en 1870 (ASV, *Segr. Stato, Spoglio Pio IX*, b. 32, fasc. 1).

COMANDO GENERALE

DEL

CORPO D'ESERCITO D'OSSERVAZIONE

NELL'ITALIA CENTRALE

Capitolazione per la resa della Piazza di Roma stipulata fra il Comandante Generale delle truppe di S. M. il Re d'Italia ed il Comandante Generale delle truppe Pontificie rispettivamente rappresentati dai sottoscritti.

Villa Albani 20 Settembre 1870.

1°

La città di Roma (tranne la parte che è limitata al Sud dai bastioni Santo Spirito, e comprende il Monte Vaticano e Castel Sant'Angelo e costituisce la città Leonina) il suo armamento completo, bandiere, armi, magazzini da polvere, tutti gli oggetti di spettanza governativa saranno consegnati alle truppe di S. M. il Re d'Italia

2°

Tutta la guarnigione della piazza escirà cogli onori

297

INVENIT ET DELINEAVIT - PIERLUIGI ISOLA   SCULPSERUNT - GIUSEPPE GRECO - PATRIZIO DI SCIULLO   INPRESSIT - A. SANNINO

censures encourues par le militaire repentant et lui apportait la bénédiction apostolique.

La « question romaine » empoisonnait la vie politique italienne. Elle tourmentait aussi la conscience de nombreux catholiques qui se résignaient mal à ce que le pasteur suprême de l'Église se considérât comme exilé en sa propre résidence. Dès son arrivée au pouvoir, Mussolini était décidé à régler le problème ; Pie XI, qui avait été préfet de la BAV et des Archives, accepta d'entrer en pourparlers en 1926. Le premier cherchait à se concilier la masse des catholiques italiens, le second voulait assurer la liberté et l'indépendance du Saint-Siège. Le 11 février 1929, anniversaire des premières apparitions de Lourdes, furent signés les « Pactes (ou Accords) du Latran » qui comportaient un traité et un concordat. Le traité ne fut plus touché depuis : il donnait naissance au plus petit État du monde, avec seulement 44 hectares (sans compter, il est vrai, quelques propriétés jouissant du privilège de l'extra-territorialité). Les Archives conservent le plan de cet État établi au moment de la signature des pactes.

Petit État avec une petite armée. Depuis Grégoire VII, les papes n'avaient jamais cessé de combattre pour défendre leurs terres, mais, plus que tous ses prédécesseurs, Jules II aimait les champs de bataille. En 1505, alors qu'il venait de libérer Pérouse et Bologne à la tête de son armée, s'inspirant peut-être de ce que venait de faire le roi de France, Charles VIII, par un bref du 21 juin, il demanda à la Confédération suisse de permettre au chanoine Peter von Hertenstein de lever une petite troupe. C'est ainsi que, le 22 janvier 1506, cent cinquante Suisses en uniforme rutilant pénétrèrent dans la Ville sous la direction de leur premier commandant, Kaspar von Silenen, et marchèrent vers le château Saint-Ange. La garde suisse du pape venait de naître, portant le nom officiel de « Défenseurs de la liberté de l'Église ». Elle recevra son règlement en 1561, après que fut signé, en 1548, un accord formel entre les cantons restés catholiques et l'État pontifical. La bravoure des Suisses était connue de tous. Elle s'illustra à plusieurs reprises, à la bataille de Ravenne, en 1512, contre les troupes du chevalier Bayard, ou lors du sac de Rome, en mai 1527, quand cent quarante-sept d'entre eux trouvèrent la mort au cours de la mêlée qui fit rage dans la cour de Saint-Pierre, permettant ainsi à Clément VII de s'échapper et de se réfugier au château Saint-Ange. Les menaces ne sont pas moindres aujourd'hui : on l'a bien vu au moment de l'attentat contre Jean Paul II, le 13 mai 1981 ; c'est pourquoi une gendarmerie est venue désormais doubler la garde suisse. Lorsque j'assistais à la cérémonie annuelle de la prise de serment des nouveaux arrivants, je ne

Pierluigi Isola, *Civitas Vaticana. Nouveau plan de la cité du Vatican*, établi en 1929 au moment de la signature des Pactes du Latran.

Pages suivantes :

Le recrutement du premier contingent (ASV, *Arm. XXXIX* 22, ff. 322v-323r).

Dilectis filijs Confederatis Superioris
Alamanie
Nostri
Anno
Pont

332
& Gaspari q̄ peditibus antedictis tuum et Liberum
iter ubique patere, devotionem vestram & unum singlos
hortamur in dño: subditis vero nr̄is: & Gentium armi
gerarum capitaneis expresse precipiendo mandamus: q̄ eos
Ductores & Pedites antedictos per omnes civitates: Terras: Passus
& Portus, Pontes, & Loca quelibet tam nr̄a q̄ vr̄a
in nobis est permittatis inferri: sed potius de scorta
& saluoconductu si opus fuerit: & requirendū duxerint
ita benigne prouideatis: q̄ vr̄a apud nos & dictam sedem
devotio merito ueniat comendanda Dat Rome Apud
sanctum petrum Die ut supra
Dilecto filio Io: Antonio Bitio de forlivio
Campanie & Maritime Gubernatori:
Dilecte fili salutem & aplicam ben: A fidedignis nō absque
graui animi nr̄i displicentia accepimus in castro
nr̄o Acuti, quod ad Anagninam ecclesiam pleno Iure
pertinet, homicidas exulesque versari, et illo tanquam
receptaculo uti
Lentia consulere cupientes: per presentes Tibi committimus
et mandamus, ut ad dictum castrum te conferas personaliter
& electis ex ipso Castro homicidis, et exulibus antedictis,
aliquem idoneum in eo vicarium, de consensu ven: fris
nr̄i Anagnini cum salario consueto deputes, illique assistas:
tam in dicto Castro Jus unicuique reddat, et Iustitiā ad
ARCHIVUM SECRETUM
323

manquais jamais d'évoquer ces cinq étudiants avec lesquels j'avais noué de si cordiaux rapports quand j'enseignais à Fribourg : après avoir servi comme gardes, ils avaient décidé d'entrer au séminaire…

Petit État, certes, qui suscite l'étonnement de beaucoup, l'envie de quelques-uns peut-être, mais aussi l'hostilité des anticléricaux, des « laïcs » et des anti-catholiques du monde entier : il a joué – et joue encore – un rôle singulier dans le concert des nations.

Le 12 octobre 1492, Christophe Colomb, qui cherchait de nouvelles routes vers la Chine et le Japon, jeta l'ancre de sa caravelle au large de l'île Guanahani, rebaptisée immédiatement île de San Salvador. Le Moyen Âge faisait place à l'ère moderne. Contraint par une violente tempête d'accoster à Lisbonne, le 4 mars 1493, Colomb rend compte de sa mission au roi João II qui prétend aussitôt que les terres découvertes avaient été attribuées au Portugal par le traité d'Alcáçovas (1479). Or, l'audacieux navigateur avait signé un contrat avec la couronne d'Espagne – les *Capitulaciones de Santa Fé* – qui s'engageait à mettre à sa disposition les navires et les fonds nécessaires. Afin d'éviter un conflit, les rois catholiques sollicitèrent l'arbitrage d'Alexandre VI, un Valencien. Le 3 mai 1493, le pape fulmina la bulle *Inter cetera,* appelée plus tard « bulle alexandrine », qui accordait les terres découvertes aux Espagnols, pour autant qu'elles n'appartinssent pas déjà à une puissance chrétienne. La situation restant confuse, le pape dut rédiger une nouvelle version qui, antidatée au 4 mai et portant le même nom, traçait une ligne imaginaire de démarcation qui sera modifiée et confirmée, l'année suivante, par le traité de Tordesillas : à l'est, l'influence portugaise ; à l'ouest, l'espagnole.

La bulle revêtait une importance politique immense, dont les conséquences se font encore sentir aujourd'hui, puisque le Brésil parle le portugais quand tous les autres pays de l'Amérique latine sont de langue et de culture espagnoles. Dans l'esprit d'Alexandre VI, *Inter cetera* était aussi une bulle missionnaire : ouvrir de nouvelles terres, de nouvelles cultures, de nouvelles populations à l'annonce de l'Évangile. En 1603, un bref de Clément VIII en langue quechua reconnaissait l'établissement de la confrérie *El Nombre de Jesus,* fondée quelque vingt ans plus tôt dans la ville de Cuzco, à la suite de l'activité évangélisatrice des jésuites : on y trouvait des aristocrates espagnols, mais aussi la plupart des descendants de la noblesse inca convertis au catholicisme. Le père Diego de Torres Bollo, grand défenseur de la liberté des Indiens contre les exigences des « encomenderos », à l'imitation de Bartolomé de las Casas, avait réussi à convaincre les membres de la Curie romaine d'imprimer le document non seulement en latin, mais aussi dans la langue parlée des frères du *Nom de Jésus*. Le latin à égalité avec les langues indigènes ! Dans cette partie du Pérou, l'Évangile devait donc être diffusé en quechua. L'annonce de la foi chrétienne va souvent de

Bulle d'Alexandre VI, *Inter cetera,*
accordant les terres découvertes
aux Espagnols
(ASV, *Reg. Vat. 777,* ff. 192r-193v).

Alexander
192

CLEMENTE PAPA. PVCAC

VInay yuyaypac. Ymanam.mañaſca ĉarcanchic,chay ñauraycuna llactacunapi,Piru Yndias ñiſca.Yntip Tee ſinpi.may-
may llan‿.Criſtianucuna.chaynecpiĉac.checanĉacſuncuyuc. ĉapac. IESVS yayanchicpa‿. ſutinta
munac. Obiſpocunap mananiſpa. payparantin prouiſſorñincunap. camachijninhuan. chica hamutaypi. ruran. achca co fradiacu-
nacta. criſtianucunamanta, caricunamanta‿. Huarmicunamanta huanpas,cay ĉapac IESVS. DIOS.ñinchicpa ſutin hurin ñinpi yma-
nam‿. Ygleſiacunapi,perroquia cunapipas y Vchuy ygleſſia diostamuchana‿, Oratorio cuna. niſcapi, chayñec ĉac piĉac ymanam‿.
cunan ĉaya minchapas, ruraytamunan‿. cay co fradiañiſcacta, IESVS Yayanchicpa‿. ſutin‿. Vrinninpi chayraycum , ñucanchic
munaſpa cay , ĉapac ahuatiri. cayñinchic pi, chay ñecpi ĉac checan chriſtianucuna, Viñay punchau. ñauraycuna. alli rurayhuan‿,
diosta muchayhuan, alli ſuncu caucayhuan , manaalli ĉactari , alli cayman , cutimunĉanpac, Viñay caucayta. vſachinĉanpac. yma-
nam, canĉanchic, chayraycu. cay co fradiacuna, allicanĉanpac, Viñay punchau , curac chananĉapac , co frade runacuna. dioſpa gracianta . checa. ſuncu-
chaſquinĉanpac. chayraycun. ĉapac dios ñinchicpi. ſuyaycus pa. ĉuyayñinhuan. atauñiuc, bienauenturadocunap. Sant Pedrop. Sant Pablop. ychayman-
ta ĉayaĉuc ſuncu. yayacaſpa. chaynecpi. auqui huaquicuna‿. Obiſpocunap. muchaſcan‿. mañaſcan, vllpuycuc ſunĉuhuan. ñiſcaĉarĉanchic. yñiſpa ñini.
ĉuni. tucuy necpi ĉac. yñic Criſtianucuna. ĉari cacman pas. Huarmiĉacmanpas. cunanmanta , co frade. yaycunca‿. Viñay mana puchucayñiyuc cay co
fradia, ĉapac. IESVS DIOS ñinchicpa ſutinpi, ña ruraſca. ĉacpi, cunanmanta ruraſca ĉacpihuanpas, ſutincunacta. quellcachicuſpa , huauquichanacuſpa .
hucllachanacunca. chayca. ñaupac punchau‿.quellcachicuyñinpi, checa ſuncuhuan,confeſaſca. ĉapac dioſpavcunta chaſquiſca captin‿. Vſachichun. Yn-
dulgencia Plenaria , ñiſcacta ytucuy. huchan pan pachaytahuanpas. rremiſſiondetodos. ſus peccados ñiſcacta . chay hinallatacmi . chaſquinĉa. ñaquellĉa-
ſĉacuna. ĉac co fradiacunapi cunanmanta. Yaycuc quellĉachicuc. ſutinta. co fradiaman. may ĉac ñincunamanpas , ñahuañunayaptin ña con fe ſaſĉaca-
ſpa. dios pa ĉapac vcunta chaſquiſĉa caſpa. huchan manta. llaquicuptin, ychaca ma alli ſiminhuan. rimanan. captin. llaquiĉuc ſuncuhuan IESVS niptin,
vſachichun. chaſquichunchay hinallatac. Yndulgentia plenariacta. y rremiſſion de todos ſus peccados. Tucuy hucha panpachac. ñiſcacta chay hinallatac.
Vſachichun chaſquichun,Tucuy. criſtianocuna. ĉaricuna ĉac huarmicunahuanpas. confeſaſca. dioſpa ĉapac vĉunta chaſquis ca caſpa. checan ſunĉuyuc,
huatancunapi. cay co frade cunap. Yglesſiancunacta. hatun , vchuy ĉac cunacta Oratorio dios muchana , ñiſcacta. purimuctin. qui quin llacta caſcanpi.
dios ñinchicpa Circuncisſion. niſcap. punchau ñinpi. ñaupaquen. Viſperasñin ñiſcanñanta. qui quin. niſcanchic punchauñinpi huan. ynti yaycunancama,
ychaypiriĉuyac ſuncuhuan. dios man rreça cuptin. Principe Criſtianucunap. alli ĉuchu. caucayñinpac, mana alli hereTecunap, huaĉlliĉayninpac, Sancta
Madre Yglesſia mamanchicpa,curacchayñinpachuan,qui quin co fradia picac,co fradeſcuna.hinallatac chaſquichun.vſachichun. Yndulgencia Plenaria,y
rremiſſion de todos ſus peccados. Tucuy huchã panpachac,ñiſcacta, caytari. ĉuyac ſuncuhuanmi. cuſinchani. diosyayapi, mana co frade ĉac cunari chaſ-
quichun. yſcaychunca huata. yſcay chuncamita. tahuachunca punchau. hucha, panpachayta, mayĉantam. panpachaycu. Yglesſiap panpachacuyñinpi ,
ymanam. cay hamupi Yglesia rurac. penitencia rurayñiſĉanta, manaruraſcanpi. ſuc. ſuc. hamupipas, manutuſcanpi, chay hinallatacmi.chaſquichun. nin-
chic. tucuy co fradecunacta. checa ſuncu dios ñinchicta, muchaptin, huchanmantari llaquicuptin , confeſaſca , dios ĉapac yayanchicpa‿. Vcunta chaſ-
quiſca. caſpa . hatun yglesiacta , vchuyta huan‿. Oratorio diosmuchana. ñiſcacta. purimuctin , qui quinllacta caſĉallantacama , cay. cay. fieſtacunapi .
ychaca. yachaypacmi, eſpiritu Sanctu. Paſcua ñaupaquen punchaupe. Pentecoſtes ñiſca , Virgen MARIA . mamanchicpa. Concepcion ñiſca punchaupi ,
Aſumpcion ñiſca. Dominica ynalbis ñiſcã pihuanpas, ñaupaquen Viſpĕras ñinmanta, qui quin cay punchau ñiſca. yntiyaycunancama, chaypiri, dios ta
muchaſpa mañanca,hanaquenpe,ña ñiſca carca chayta.maycan cay punchau cunapi,cay ñiſcacta. ruraptinri. vſachichun chaſquichun,yſcaychunca,hua-
tacta,chaymanta.yſcaychuncamita , tahuachunca punchauhucha panpac hayta,maycantam. panpachaycu,ymanam hanacpi riañiſca‿. Hinallatac viñay
mita , cayco frade ñiſcacuna, cay Yglesia. ñiſca cuñapi,miſſacta vyariptin. mana, ñiſpari. capillacunapi . Oratorio ñiſcapi. cofradeſcunap altarñincunapi .
ñiſtancunapi. hatun Miſſa huchuy miſſa pi pas,manañiſpari. hucllapi co fradeſcunahuan‿. tantanacuypi,Sutipi. pacallapipas. huallca llapas. cay ñiſca‿.
co fradiacunap. maynecpi cuſicuptin. ĉuchucuptin. mana huaciuctari. huacinpi curpachaptin , piñanacucta, ĉuchumacchacta,qui quin auĉan huan alli-
picachecta. ſuc. ſuc huañpas. manañiſpari. alli ſuncullа. ruraymanpas , ñecta huañuc cunap vĉunta. huacincunamanta, Yglesſiacama . riuſiptin , co frade
huañuc ĉacta, mana ĉac tapas. caycofrade cunap. proceſſionñincuna manri. riuſinca,Obiſpo cunap manañiſpari paypa rantin prouiſſorñincunap. camachij
ñinhuan, ruray ñiſcanpi. hinallatac riuſinca Sanctiſſimo Sacramento , dioſpa vcunta Corpus Chriſtep , punchauñinpi. mana ñiſpari , Vnĉuc cunaman apa-
ſtin. ymahina. hamupipas. mana allirinan captinri. canpanacta. Vyariſpa ñinca huc Padre nueſtrocta huc Aue Mariactahuan. mañiſpari. animas de Pur-
gatorio pacpichca Padre nueſtrocta pichca Aue Mariacta ñiptin. Vnanchaypacmi , cay rrecaſcan co frade huañuc cunan animanpacmi ĉanca‿. maycan‿
hualliſcacta checa alli quiſpi caucayman cutirichiptin. dioſpa chunca camachicus can ſiminta ñandamientos. ñiſcacta mana yachac cunacta yachachip-
tin, quiſpinĉancupac,hinallatac. alli ruraypi ĉuyaĉuc ſuncu viñaymita maycan cay. alli ruray ñiſca. ruraſcanmantari. vſachycun chaſquicun,pachac pun-
chau panpa chayta. penitencia padrecunap, ruray. ñiſcanta mana chaycama, puchucaſĉanmanta , ymahina , huc. hamupipas manu tucuſcanpi. maycan-
cunactam. panpachaycu. Yglesſiap viñay hamutayninpi. ymanam ñiſca , cay. ñucanchic pa quellcanchic letras . ñiſcari ſutinchani chaniuc yupaychaſca‿,
cachun. cofrade cay cofradiacunapiĉacpac , viñai caucaypac. mana co frade ĉac cunapacri yſcaychunca huata camãlla, caytari yupanaranca , maycan‿.
punchaucha cay ñucanchicpa, letras quillcanchic ñiſca ſutinchaſca villaſca canĉa ychaca. munaycum yñucanchicpa munayñinchicmi cay co fradia. ñis
cap. ña ruras ca ĉac cayta ruraptin. ñacuſcanchic ĉanca. ſuc ſuc. viñay pac. Yndulgenciacta. mana ñiſpari. vallca. vallca puchu cayñiuc. pachalla pacpas
may ĉancha.manarac puchu caſĉa canca.cay qui quin letras que llca ñiſca,chay co frade cuna pac ĉa amayupayñiuc cachunchu. chaymantari,çaça punim
camnan Tucuy llacta cunaman. cay. bulla quellĉanchic niſcacta apananpac, micamachicunchic , qui quin Original , curacchanac ñiſca quellcanchicman-
ta. ſuc quellĉapi. ſurcuſpa vrañiquenpi notariup maquinſuanchuraſca captin. dignidad. niſca canonigo cunap ſellon ñiſcahuan. che canchaſca captin llacta
cunaman apachun. cay, llacta cunapiri checa curacchanac. letrantich bulla ñiſca hinallatac. cachun cay Roma llactapi ruraſca Sant. Marcos ñiſca Palacio
huacinchicpi anillup vrin challhuacamayucpa Iunio niſca,quilla quimça chunca ñequen punchaupi,dios ñinchicpa pacarey ñin ñanta huaranca ſucta pa-
hac quimça huatãpi cayhuan chunca yſcayñiuc huata Pontifice caſcañichicmanta‿.

ROMAE, Ex Typographia Cameræ Apoſtolicæ.

M. Veſtrius Barbianus.

M.DCIII.

pair avec l'innovation artistique : tandis que les jésuites inventaient une musique sublime avec les Guaranis des « réductions » du Paraguay, une peinture baroque ébouriffante (ces Vierges et anges guerriers ou musiciens !) devait éclore dans la belle ville de Cuzco.

Si Rome manifesta dès le début un intérêt particulier envers les nouvelles terres d'Amérique – il en ira de même avec l'Afrique au XIXe siècle –, son attention demeurait principalement occupée par l'Europe où se trouvaient le plus grand nombre de catholiques. Or, l'Europe resta longtemps menacée. Pendant le premier millénaire, les invasions déferlaient surtout de l'Asie ; aux temps modernes, le danger venait de l'empire ottoman. Avec la chute de Constantinople, en 1453, et la fin de l'émouvante aventure byzantine, les Turcs combattent sur tous les fronts : en Méditerranée et dans l'Océan indien, en Afrique du nord et du sud, dans les Balkans enfin. L'objectif final restait évidemment la conquête de Rome. Le 14 juillet 1683, venus de la Serbie, entre 150 000 et 200 000 hommes de tout l'empire, rassemblant des janissaires, des troupes régulières et irrégulières, ainsi qu'une multitude de servants charriant de formidables pièces d'artillerie, mettent le siège devant Vienne. Si la capitale des Habsbourg catholiques venait à tomber, la route de Rome aurait été ouverte. Les défenses de la ville sont dérisoires, avec à peine 11 000 hommes de troupes et 5 000 volontaires. Le 9 septembre, Jean III Sobieski, le nouveau roi de Pologne, animé de cet esprit de croisade que le pape Odescalchi cherchait à diffuser partout, se présente à la tête d'une force de secours de 73 000 hommes venus d'Europe centrale. Confiante en son nombre, l'armée turque attend l'engagement avec sérénité. Le 12, les Polonais lancent l'assaut ; vers 16 heures, leur cavalerie surgit des hauteurs, déferle, bouscule les défenses ottomanes, entre dans le camp et crée la panique : les Turcs fuient de tous côtés, Vienne est libérée. L'Europe chrétienne est sauvée. Le premier à devoir en être informé est évidemment le pape. Le 14, Jean III Sobieski annonce donc à Innocent XI la victoire chrétienne. Dans son émotion, il parodie la phrase célèbre attribuée à Jules César et commence sa missive par ces termes « Venimus, vidimus et Deus vincit ».

Les relations entre Rome et Moscou qui aime à se faire appeler la « Troisième Rome », ont toujours été embarrassées ; elles le restent aujourd'hui. Toutefois, la perception d'un danger commun rapproche quelquefois ceux que séparent bien des choses. Au cours de l'été 1672, les troupes de la Sublime Porte avaient occupé toute la partie occidentale de l'Ukraine. La Russie se trouvait menacée. Le tsar Alexis Ier, le second des Romanov, tente de constituer une ligue anti-turque et pour cela recherche l'appui des souverains européens : il écrit au pape Clément X. Décorée avec grand soin, des motifs floraux occupant les marges, sa missive est accompagnée d'un sceau de cire mesurant un diamètre de quatorze centimètres. Le pape appuie naturellement le projet du tsar, mais s'en tient

Bref de Clément V en quechua reconnaissant l'établissement de la confrérie *El Nombre de Jesus* (ASV, *Misc., Arm. IV-V 77*, f. 149r).

Pages suivantes :

Lettre d'Alexis Ier au pape Clément X (ASV, *Segr. Stato Principi* 99, f. 404bis).

…дѣиствовавшаго Пр[е]с[вя]т[а]г[о] Д[у]ха … бщаго и…
…лицо и дѣиство и хотѣнием и благопо…
…великаго … российского Ц[а]рствия и соми…
…ании посмотрения великого … Мы великии
…мно и безматерна … и обладатели … Владимирскии Новгородскии
самодержец Московскии …евскии … Ц[а]рь и великии кнзь
…ии Пермскии Вятскии Болгарскии и иных Г[осу]д[а]рь … страны повели…
…ии Обдорскии Кондинскии и всеа Северные страны … и земель восто…
…Горских кнзеи и иных многих Г[осу]д[а]рств … римского костела …
…папе и учителю … Г[осу]д[а]рства российскаго Ц[а]рст…
…сошедшие на великия и пресланы Г[осу]д[а]рства российскаго … Владимира Свято…
…великого кнзя Владимира … воспринявшаго …
…рода … великого кнзя Рюрика … главы есть воспринявшаго … и сна его
…достоиннишего управление … всеа России самодержца … благо…
…Иоанна Васильевича всеа России самодержца … нишего бла…
…Ивановича всеа России … всеа России самод…
великого кнзя Михаила Феодоровича … Ц[а]рии вели…
…великии Г[осу]д[а]рем … Иоанно …
…с сыном и нами великии Г[осу]д[а]ри Ц[а]ри и великии кнзе Иоанно…
…ти и великими Г[осу]д[а]ри Ц[а]ри … степенны и всем х[ристиан]…
…папы римского бывшего которы Г[осу]д[а]рственны … страны
…и до времени сего или за обладанием … бга и хрис…
Даже и до времени … молящаго бга … прошлых
…анне … премного … бывших …

aux déclarations d'intention et ne prend aucun engagement pratique. Comprenant la leçon, son successeur, Innocent XI, aura à cœur de relancer un esprit de croisade. Un nouvel appel à l'aide viendra beaucoup plus tard de Moscou, non pas d'un tsar, puisque la Révolution d'Octobre avait eu lieu, mais du patriarche Tikhon Ier : dans une lettre du 5 juillet 1921, il explique à Benoît XV que la misère est devenue terrible et que la famine commence à faire des ravages dans son pays. La missive se termine, elle aussi, par un beau sceau de cire. Le Vatican et le monde catholique organisent une aide humanitaire qui se prolongera jusqu'en 1924 ; entre-temps, le patriarche aura été assigné à résidence par le régime communiste.

Il existe, disions-nous au début de cet ouvrage, une diplomatie du livre. Les chefs d'État et de gouvernement, les responsables politiques ou économiques de toute sorte qui se rendent au Vatican ont pris l'habitude de solliciter une visite de la BAV et des Archives. Tous les ambassadeurs accrédités auprès du Saint-Siège – encore un héritage du vieil État pontifical ! –, quant à eux, ne manquent pas d'y réaliser une « visite de courtoisie ». C'est ainsi que j'étais entré en relation avec l'ambassadeur de Russie. Ancien ministre de la Culture de la Fédération et plus tôt encore, ambassadeur à Paris, il parlait un français parfait, avec cette touche de raffinement que l'on trouve quelquefois chez les Européens de l'Est admirateurs de la culture française. Une vraie amitié s'établit entre nous. Comment créer de nouveaux liens entre Rome et Moscou ? nous demandions-nous. Pourquoi ne pas prévoir une exposition commune dans la capitale russe ? Le prétexte en fut l'anniversaire de 1917, mais il était inutile de faire référence à la Révolution communiste, m'assurait le responsable des Archives, placé depuis peu sous l'autorité directe du Président. Je suggérai un titre : « Les Romanov et le Saint-Siège (1613-1917) » ; l'idée fut adoptée immédiatement. Je me suis donc retrouvé à Moscou, en décembre 2017, pour inaugurer une exposition que nos Archives croyaient n'être que scientifique. Devant les vingt-cinq chaînes de télévision chargées de couvrir l'événement ce jour-là, je n'eus guère de peine à montrer que la culture était souvent le seul moyen de construire des ponts là où tant de raisons historiques et même religieuses entretiennent rancœur et division. L'exposition connut un succès populaire aussi extraordinaire qu'inattendu.

Si les relations entre Rome et Moscou furent difficiles, que dire de celles, autrement plus consistantes, avec la France ? Il suffirait d'évoquer l'attentat d'Agnani (1303) qui marque à la fois la disparition de la théocratie romaine et l'avènement de la nation française, puis la longue tradition gallicane, la querelle des investitures sous Louis XIV, les crises récurrentes du jansénisme, la Révolution enfin avec la « Constitution civile du clergé », à visée schismatique… En 1798, les armées du Directoire envahissent Rome, se saisissent du pape, le déplacent d'une ville

Ci-contre et pages suivantes :

Ratification du concordat entre
la République française et
le Saint-Siège
(ASV, *A.A.*, *Arm. I-XVIII* 434).

PF

Bonaparte
Relations Extérieures
Ch. Mau. Talleyrand.
La présente Convention, ratifiée, a été éch
23 fructidor an 9 (10 Septembre 180
soussignés.

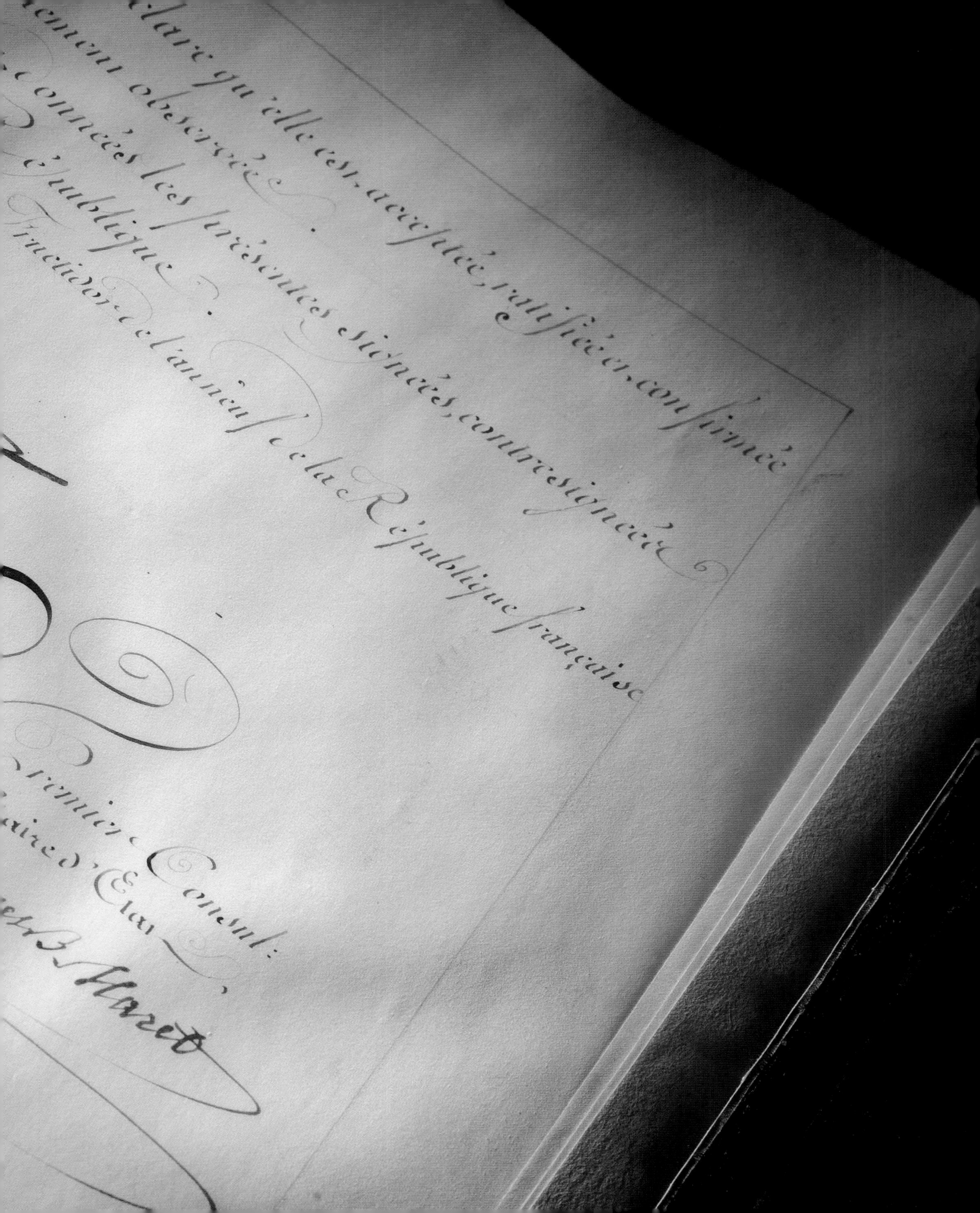
qu'elle est acceptée, ratifiée et confirmée
observée
les présentes signées, contresignées
fructidor de l'an neuf de la République française
Consul
d'État
Maret

à l'autre, malgré son âge et ses infirmités, jusqu'à Valence où Pie VI finit par mourir le 29 août 1799. L'officier de garde communique à ses supérieurs que le dernier pape de l'Histoire vient de s'éteindre. Plus lucide, Bonaparte est convaincu que la religion constitue une garantie de l'ordre et de la morale. Le 15 juillet 1801, après de longues tractations entre lui-même et le cardinal Ercole Consalvi, Secrétaire d'État, il signe un concordat avec Pie VII. Le texte est somptueusement présenté avec sa décoration à l'or fin et un sceau de cire rouge entourée d'argent. Il comporte un préambule et dix-sept articles plutôt brefs. En faisant du catholicisme « la religion de la grande majorité des citoyens français » et non plus une « religion d'État », et en garantissant la pleine liberté des autres cultes, il devient le premier concordat « moderne » dans la mesure où il rompait avec ceux de l'Ancien Régime qui recherchaient la plus étroite alliance entre le trône et l'autel. De fait, il inspirera les accords qui seront signés après lui. La République française le dénoncera en 1905. Les relations entre Rome et Paris ne s'en trouveront pas apaisées pour autant : Pie VII est contraint de venir deux fois en France, d'abord pour le sacre de Napoléon, où il ne joue qu'un rôle de figuration, puis comme demi-prisonnier à Fontainebleau. En 2015, une exposition à laquelle participaient les Archives avait été organisée au château. Le titre prêtait à confusion : « La tiare dans les serres de l'aigle » ; en réalité, même chahutée par les accidents de l'Histoire, la tiare devait poursuivre son chemin tandis que, après avoir volé très haut dans l'azur de la gloire, l'aigle se retrouvait foudroyé par le désastre de Waterloo.

J'ai toujours aimé la culture américaine. New-York et la Californie m'ont proprement fasciné. Quand j'étais Secrétaire de la Congrégation romaine pour l'Éducation catholique, j'avais été invité dans plusieurs universités ; certaines ne comportaient que quelques centaines d'étudiants, d'autres ressemblaient à des villes entières, comme celle de la très libérale Notre-Dame, dans l'Indiana, avec son théâtre, son musée et son aéroport. L'accueil y était chaque fois délicieux dans cet étonnant mélange où la plus grande sophistication technique s'accompagne de toute la délicatesse du monde. Nommé à la tête des Archives et de la Bibliothèque, j'avais demandé à consulter les documents relatifs à ce pays. Il n'y avait pas grand-chose, en vérité, mais une lettre du Président Abraham Lincoln retint mon attention. Datée du 16 novembre 1863, elle se contente, de manière neutre et convenue, de demander l'agrément pour le nouveau ministre résident des États-Unis près le Saint-Siège, Rufus King. Aucune référence n'était faite à la guerre en cours. Dans sa réponse, Pie IX parlait de paix, mais Lincoln, lui, voulait la victoire. En 1867, les relations diplomatiques sont interrompues : on prétendit que le pape soutenait les Confédérés du sud, on dénonce un soi-disant complot « catholique-papiste » dans l'assassinat du Président (l'un des principaux suspects n'avait-il pas servi dans les zouaves

Lettre du président Abraham Lincoln au pape Pie IX (ASV, *Ep. ad Princ., Positiones et Minutae* 50, ep. 124).

124

Abraham Lincoln,

President of the United States of America.

To His Holiness Pope Pius IX,

&c. &c. &c.

Great and Good Friend:

I have made choice of Rufu
King, one of our distinguished citizens, to reside near Your
Holiness in the character of Minister Resident of the United
of America. He is well informed of the relative interests of
countries and of our sincere desire to cultivate and stre
the friendship and good correspondence between us; and f
knowledge of his fidelity, probity and good conduct, I h
confidence that he will render himself to Your Holin
constant endeavors to preserve and advance the we
interests of both nations. I therefore request Yo
full credence

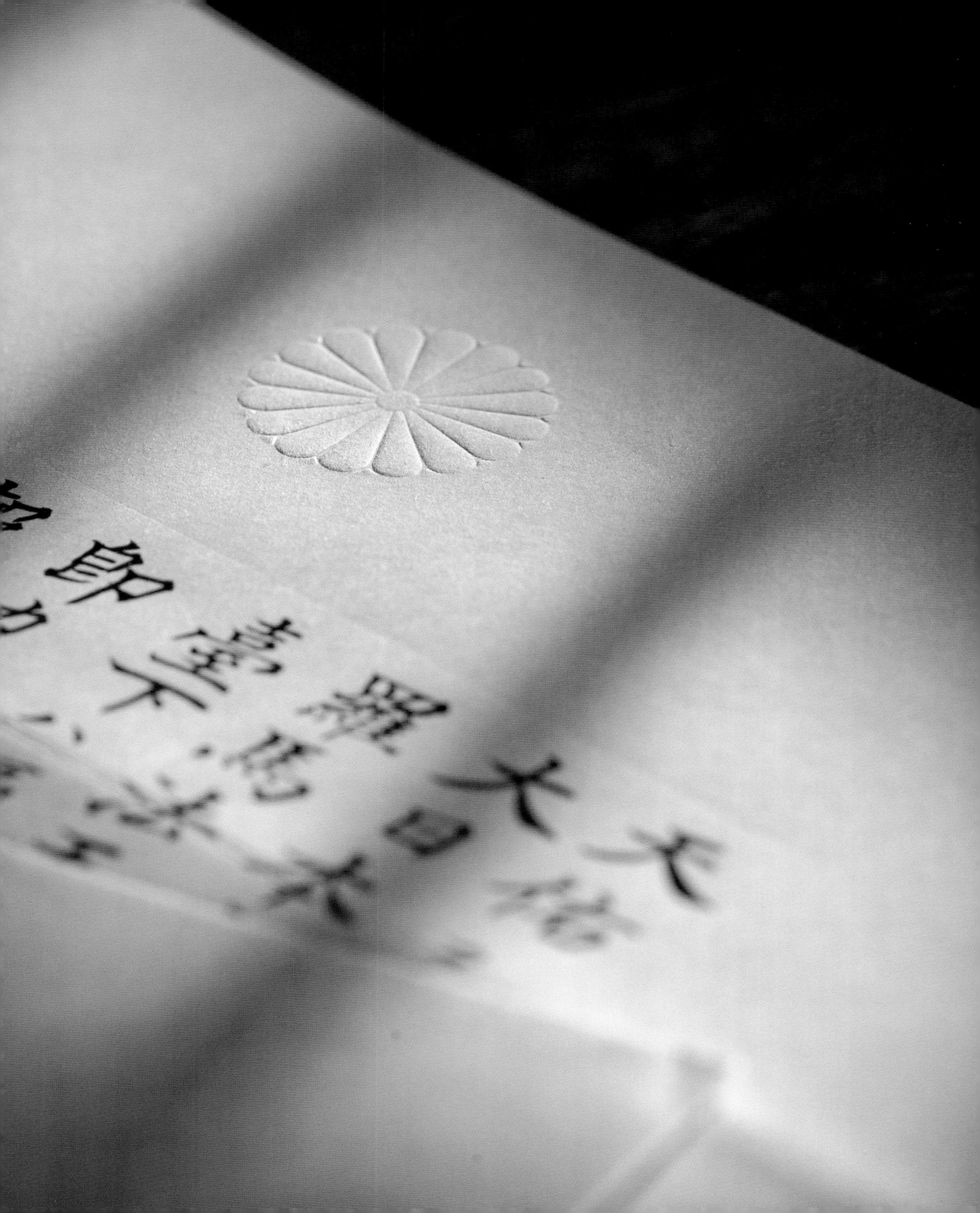

pontificaux ?) ; l'opinion majoritairement protestante qui a vu arriver d'un mauvais œil les vagues d'émigrants irlandais et italiens, tous catholiques, ne manifeste que de la suspicion envers la papauté. On mesure alors le courage du Président Reagan qui rétablira les relations diplomatiques en 1984.

Est-ce l'appel des extrêmes, le goût du soleil levant après une incursion dans les terres les plus occidentales ? On connaît la phrase célèbre du Général De Gaulle qui écrivait dans ses *Mémoires de guerre* que : « Vers un Orient compliqué, je m'envolais avec des idées simples ». L'Orient est compliqué, certes, et l'Extrême Orient l'est encore davantage, mais dès que j'ai posé mon pied sur l'archipel nippon, en 2006, j'ai été conquis. Je ne connais pas de peuple plus subtil, plus délicat, plus rigoureux dans son travail, plus soucieux d'harmonie, ce qui n'exclut pas une certaine dureté dans les rapports sociaux. Leurs jardins atteignent une perfection telle qu'il semblerait que le ciel se reflète en eux, en s'y faisant à la fois plus visible et plus inaccessible. Kyoto, bien sûr, mais encore Himeji-jô, Matsumoto-jô, Tô-ji et surtout Tôshôgû, à Nikko : je ne parviens pas à m'expliquer clairement pourquoi ces temples, ces pagodes, ces toits agressivement relevés et pourtant d'une élégance extrême, ce mélange unique de rigueur et de préciosité, qui tranchent singulièrement avec la grande banalité des villes modernes, me plongeaient dans des ravissements répétés. J'ai raconté déjà comment la générosité des Japonais avait permis à notre BAV de se lancer dans la rude aventure de la numérisation des manuscrits anciens.

La lettre d'Hirohito conservée aux Archives fut écrite par l'empereur qui présentait ses félicitations à Pie XII qui venait d'être élu. Accompagnée d'une traduction en français – langue diplomatique du Saint-Siège –, elle est scellée d'un sceau parcheminé représentant le chrysanthème à seize pétales, emblème de la Maison impériale. L'affabilité du ton tranche avec l'histoire houleuse que le Japon entretint avec le christianisme. Les premiers missionnaires, des jésuites conduits par François-Xavier, abordent l'île en 1549. Leur politique, comme plus tard en Chine, consiste à apprendre la langue du pays, se conformer à certaines coutumes, ordonner des locaux, convertir les élites et se rapprocher des autorités. Les débuts sont encourageants. Devant inaugurer une exposition sur l'écriture et l'imprimerie à Tokyo, en 2015, j'avais choisi comme logo, telle qu'elle est représentée sur l'une des fresques de la Salle Sixtine, la délégation japonaise qui avait participé à l'entrée solennelle du nouveau pontife Sixte Quint dans sa bonne ville de Rome, après son élection au siège de Pierre. L'événement date de 1585. Deux ans plus tard, les missionnaires sont bannis par un décret officiel, le christianisme interdit en 1614, les premiers martyrs sont exécutés à Nagasaki en 1597, tandis que la vague des persécutions atteindra son sommet en 1622 ; Guillaume Courtet, né près de Béziers, le seul dominicain français reconnu comme saint, est torturé à mort en 1637 ; à partir de 1630, les chrétiens

Pages précédentes :

Lettre de l'empereur du Japon au pape Pie XII (ASV, *Segr. Stato, Morte di Pontefici e Conclavi* 237, cassetta 2, fasc. 17).

Lettre de la première ambassade japonaise à la République de Venise, 1585 (*Borg. cin.* 536).

du Japon doivent vivre cachés. L'interdiction ne sera levée qu'en 1873.

Ces pages terribles sont bien connues. D'autres sont étrangement ignorées. Au début du XVIIe siècle, le samouraï Hasekura Tsunenaga est choisi pour accomplir une mission officielle visant à établir une route commerciale vers la Nouvelle-Espagne. Le 15 septembre 1613, il embarque sur le premier navire japonais de haute mer qui venait d'être construit ; il débarque à Acapulco, rencontre le vice-roi, réembarque à Vera Cruz, est reçu par Philippe III qui assiste à son baptême, repart pour Rome, tandis qu'une tempête l'oblige à relâcher à Saint-Tropez – premier contact de la France avec le Japon –, ce qui lui permet d'entrer en contact avec les humanistes de la région, arrive enfin à Rome : il est reçu en audience par Paul V à qui il remet, écrites en latin et en japonais, deux lettres de son supérieur, le daïmyo Date Masamune, seigneur de Sendaï, qui fait part au souverain pontife de son entière soumission. Ni le pape, ni le roi d'Espagne ne saisissent l'occasion. L'ambassade repart en 1616 sans aucun résultat concret. Deux jours après le retour de Hasekura, Date Masamune interdit le christianisme et octroie des récompenses pour toute dénonciation. Le fils du samouraï lui-même sera martyrisé en 1640 (ou 1641).

Manque de sens politique ? L'Orient est-il vraiment si compliqué ? Des occasions manquées entraînent souvent de si funestes conséquences.

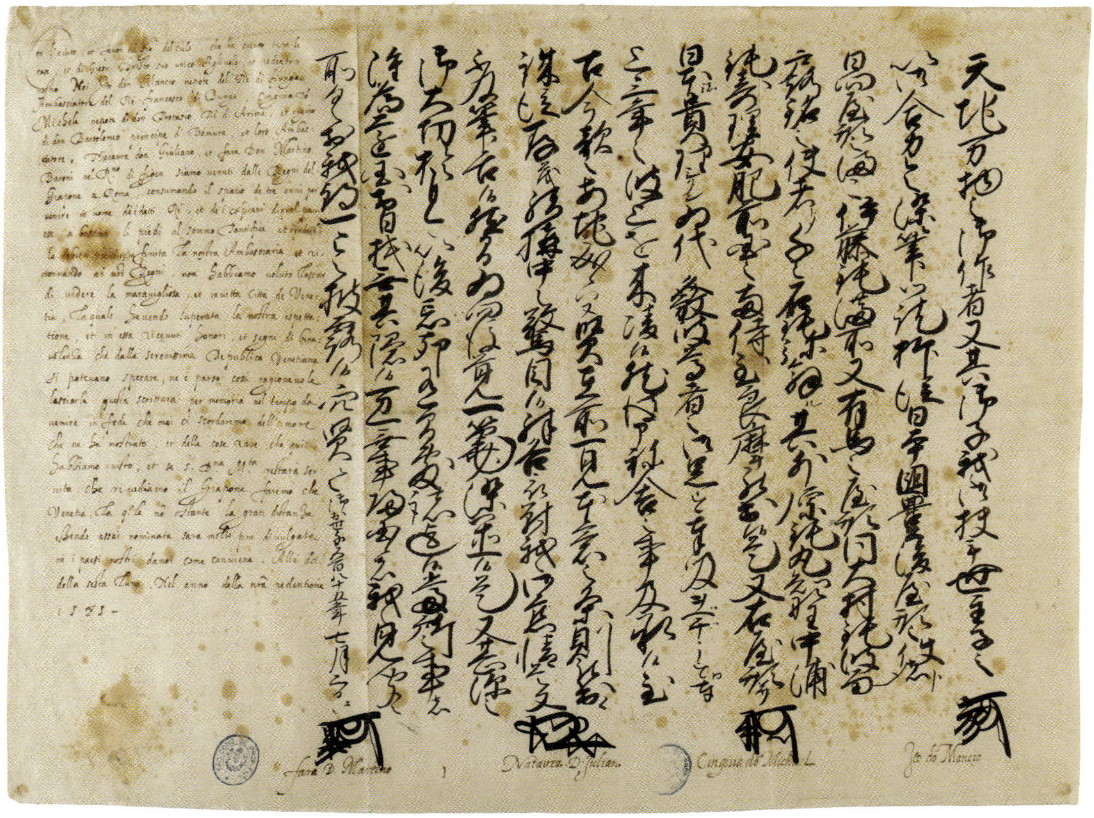
Fara D. Martino
Nataura D. Julian
Cingiua do Michel
Ito do Mancio

7.

Mère des Arts et de la Culture

PHILIPPVS

Politique et art ont toujours fait bon ménage. Le politique demande à l'art de magnifier son action ou d'impressionner ses adversaires. Je songeais à cela en prenant dans ma main le sceau en or apposé à la lettre d'hommage que Philippe d'Espagne, roi de Naples, puis de Sicile, faisait parvenir, en 1555, au pape Paul IV. Par sa dimension, son poids et la finesse de ses gravures – la délicatesse d'exécution du sol foulé par le cavalier ! –, cette œuvre d'art figure parmi les objets les plus remarquables conservés dans les Archives Secrètes. En échange, l'art attend des politiques protection, soutien et encouragement. La plupart des monarques, au premier rang figurent les pontifes, ont été de fastueux mécènes. Les démocraties libérales ont tenté de suivre cette tradition régalienne, non sans mal, il est vrai : tous les gouvernements des nations européennes comportent maintenant un ministère de la Culture qui ne dispose que de moyens fort limités, tandis que cette institution est complètement ignorée aux États-Unis…

La réflexion du Bibliothécaire du patriarcat de Bucarest, rapportée dans l'introduction, soulignait bien la maternité de l'Église. Dans les basiliques, les plafonds voûtés rappelaient ces volatiles qui invitent leur progéniture à chercher refuge sous leurs ailes. La BAV et les Archives ne sont-elles pas un temple de la culture, abritant ainsi la mémoire artistique de deux millénaires voire davantage ? Le titre le plus fameux, mais aussi le plus juste, reste celui que Jean XXIII avait choisi pour l'une de ses encycliques, publiée en 1962, *Mater et magistra*, mère et pédagogue. Mère, l'Église l'est encore lorsqu'elle se met au service des arts et de la culture. La foi n'est pas un cri : sans culture, comment annoncer et donner à comprendre les mystères révélés ? Sans art, comment donner chair à la prédication ? Quel visage diminué aurait pris le monde sans la mission civilisatrice de l'Église ?

Lettre d'hommage de Philippe d'Espagne au pape Paul IV (ASV, *A.A., Arm. I-XVIII* 522).

Pages suivantes :
Texte du poète Muhtasam-i Kasani (ASV, *Instr. Misc.* 7921).

Les fonds littéraires de nos deux institutions sont ainsi considérables et très variés. Le hasard fit que, peu après ma nomination, j'eus entre les mains un recueil des poésies lyriques de Muhtasam-i Kasani. L'ouvrage avait été offert au pape Jean XXIII justement, en 1960, par Mgr Suleiman Sayegh, évêque auxiliaire du Patriarcat chaldéen, ces anciens nestoriens rattachés à Rome depuis le XVIe siècle. Hier comme aujourd'hui, la finesse perse tranche avec la rudesse des pays arabes voisins. À mon grand regret, je n'ai jamais réussi à me rendre en Iran : aussi ai-je longuement contemplé cette sélection de courts poèmes lyriques, appartenant au genre dit *ghazal*, particulièrement développé dans la poésie persane. Celui qui me présentait le précieux manuscrit m'expliqua qu'il s'agissait généralement de poèmes indépendants, traitant d'un thème unique et s'enchaînant comme des perles. À l'origine, ce thème relevait de l'amour, mais au fil des siècles, il avait élargi son champ pour devenir mystique ou satirique. Signe de la délicatesse des donateurs, le recueil de poèmes avait été composé dans la seconde moitié du XVIe siècle, c'est-à-dire au moment même du rattachement des nestoriens au siège de Pierre. Il est attribué à Muhtasam-i Kasani, poète de la cour de Muhammad Khudabanda, quatrième shah de la dynastie Safavide.

Les textes, en élégante écriture *nasta'li q*, ont été écrits sur des feuilles volantes, puis collés dans les différentes pages du codex, en des emplacements rectangulaires spéciaux préparés à cet effet. Le livre présente tous les caractères du codex de luxe : reliure recherchée, papier obtenu par xylographique, fond de couleurs différentes, superbes motifs de fleurs ou d'animaux, séparation du texte au moyen de lunettes dorées. La première page est finement enluminée. Sur certaines feuilles du manuscrit apparaissent les sceaux et les marques autographes de ceux qui entrèrent en possession du codex entre 1693 et 1760.

Le nom de Dante Alighieri est évidemment moins inconnu chez nous que celui du poète persan, mais de ce côté-ci des Alpes, on mesure mal ce qu'il représente pour la culture italienne : il est tout simplement le fondateur de la poésie sur une terre poétique entre toutes. Poète par excellence, certes, mais tout autant théologien. Dès leur parution, ses livres rédigés en langue vernaculaire étaient devenus de véritables *best sellers* parmi les maîtres en théologie, la bourgeoise marchande et, bien sûr, l'aristocratie. Vers 1480, Lorenzo di Pierfrancesco, cousin de Laurent de Médicis, mais en rupture avec sa famille, avait commandé un manuscrit enluminé. Il avait fait appel au copiste Niccolo Mangona et à Sandro Botticelli pour l'illustration. Le célèbre peintre travailla pendant des années, sans parvenir à terminer son œuvre. Ses dessins devaient exprimer le thème du chant et non pas, comme on le faisait alors, une scène ou une péripétie. Botticelli est alors proprement bouleversé par les homélies ravageuses

« Nel mezo del camin di nostra uita... » : début de *La Divine Comédie* dans le *Dante Urbinate* (*Urb. lat.* 365, f. 1r).

du dominicain Savonarole. Il prenait la *Comédie* comme un véritable guide de l'au-delà ; la description des vices et des vertus, des peines et des récompenses, lui semblait désigner la vivante réalité de ce qui attendait l'homme après le jugement. L'œuvre est malheureusement restée inachevée, à l'exception du dessin que l'on trouve au début de l'Enfer. La BAV conserve huit feuillets en tout d'un exemplaire fait « à la main », datant de la fin du XVe siècle, qui avaient fait partie des collections de Christine de Suède. La décoration à l'antique avait alors atteint sa pleine maturité à Florence.

La BAV possède un autre magnifique exemplaire connu sous le nom du *Dante d'Urbino*. Il fut réalisé dans cette ville pour Frédéric III de Montefeltro et calligraphié par Matteo de' Contugi da Voltera, arrivé à Urbino en 1475. La calligraphie était réalisée d'un trait, le codex, lui, sera enluminé à des diverses périodes par des mains différentes. Une première partie est réalisée à Ferrare dans l'un des ateliers les plus fameux du moment, celui de Gugliermo Giraldi ; le travail présente une somptuosité extraordinaire, mais prend beaucoup plus de temps que prévu : il se trouve interrompu entre l'Enfer et le

Pages suivantes :
Sandro Botticelli, *L'Enfer*, dans *La Divine Comédie* de Dante, XVe siècle (*Reg. lat.* 1896, f. 101r).

Purgatoire. L'enluminure sera reprise par un autre artiste, sans doute Franco de' Russi, et complétée seulement au début du XVIIe siècle. L'ensemble est proprement magnifique.

La Renaissance, on le sait, préconise un retour aux Anciens ; encore fallait-il en avoir conservé les écrits. La BAV possède l'un des vestiges les plus reculés de l'œuvre de Virgile. De l'ouvrage initial qui rassemblait les œuvres complètes du poète, il ne reste que quelques feuilles, 75 folios, illustrés de 50 miniatures, 9 pour les *Géorgiques* et 41 pour l'*Enéide*. Rédigé à Rome probablement vers 400 après Jésus-Christ, ce codex écrit en lettres capitales représente le travail d'un seul copiste. En revanche, plusieurs peintres sont intervenus, trois peut-être : de petites dimensions pour la plupart, les miniatures sont habituellement placées en haut de la page. On peut voir, par exemple, en illustration d'*Enéide* II 673-691, Créüse cherchant à retenir Enée loin de la bataille, tandis que des flammes apparaissent sur la tête d'Ascanio : Anchise reconnaît dans ce prodige la manifestation de la volonté des dieux. Le manuscrit témoigne d'un renouveau païen à une époque où la culture chrétienne se trouvait en plein essor. De nombreuses notes marginales, rédigées entre le Xe et le XVe siècle, montrent bien le rôle d'auteur-source joué par Virgile tout au long de notre Histoire.

Retour aux Anciens, certes, mais en même temps originalité, audace, innovation : la Renaissance constitue l'un des tournants les plus décisifs de la civilisation occidentale. Nous ne sommes plus capables de mesurer aujourd'hui l'extraordinaire engouement que suscitèrent alors certains livres. Qui lit *Orlando furioso*, le roman de chevalerie fantastique, mettant furieusement en scène des personnages du temps de Charlemagne ? Qui connaît son auteur, Ludovico Ariosto, dit l'Arioste, né à Ferrare ? Il inspira pourtant des musiciens comme Lully, Vivaldi, Haendel, Rameau ou Puccini, et de nombreux peintres tels Tiepolo, Delacroix, Ingres et Chirico… C'est d'ailleurs par ces artistes-là, les deux premiers en particulier, que j'ai moi-même découvert l'existence de l'Arioste. L'édition conservée par la BAV contient le texte du poème en quarante-six chants dans l'édition que l'auteur lui-même fixa en 1532, un an avant de mourir, illustrée de 46 xylographies.

Érasme reste l'une des figures les plus emblématiques de cette période tumultueuse et passionnante. Le célèbre humaniste s'est d'abord engagé dans la réforme des études, avant d'aborder celle de l'Église et de la société. Il rédige plusieurs œuvres pédagogiques. Le *De Duplici copia verborum ac rerum commentarii duo* est adressé aux étudiants de l'école Saint-Paul de Londres, dirigée par John Colet, un théologien et bibliste catholique qu'Érasme avant connu à Florence et avec lequel il s'était lié d'amitié. Tous deux collaboreront plus tard à la traduction du *Nouveau Testament* à partir du grec original. Le texte présenté ici s'inspire – retour aux Anciens

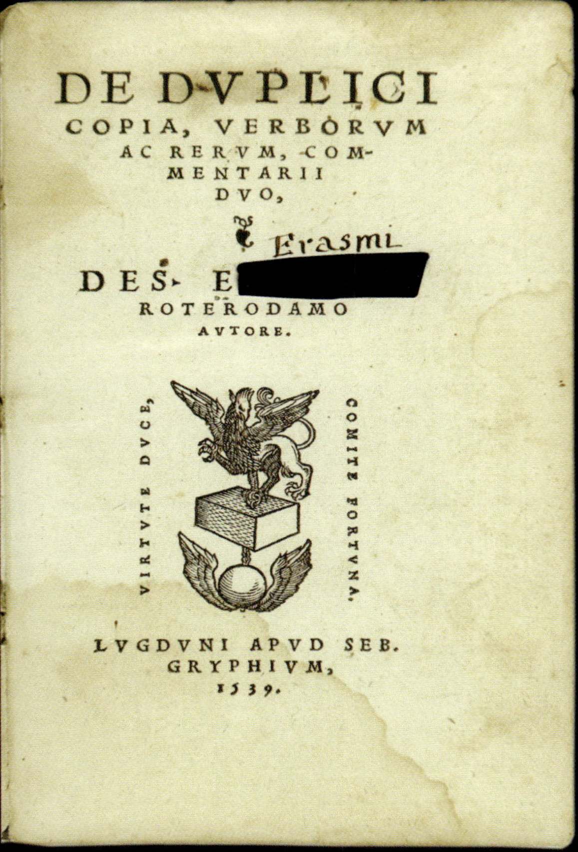
DE DVPLICI COPIA, VERBORVM AC RERVM, COMMENTARII DVO,

Erasmi

DES. E[redacted] ROTERODAMO AVTORE.

LVGDVNI APVD SEB. GRYPHIVM, 1539.

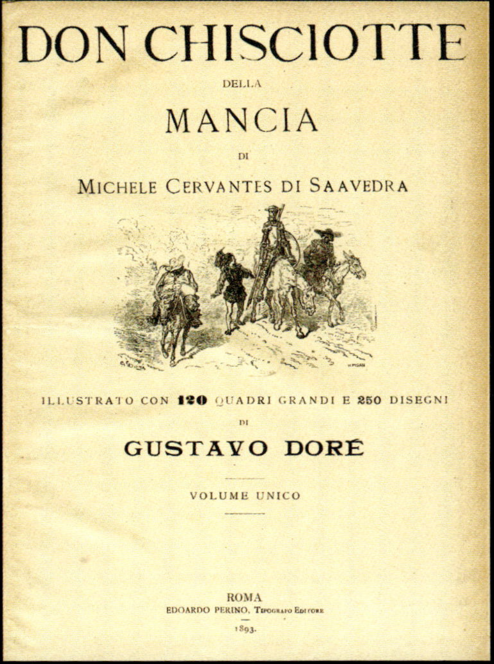
DON CHISCIOTTE DELLA MANCIA DI MICHELE CERVANTES DI SAAVEDRA

ILLUSTRATO CON 120 QUADRI GRANDI E 250 DISEGNI DI GUSTAVO DORÉ

VOLUME UNICO

ROMA
EDOARDO PERINO, TIPOGRAFO EDITORE
1893.

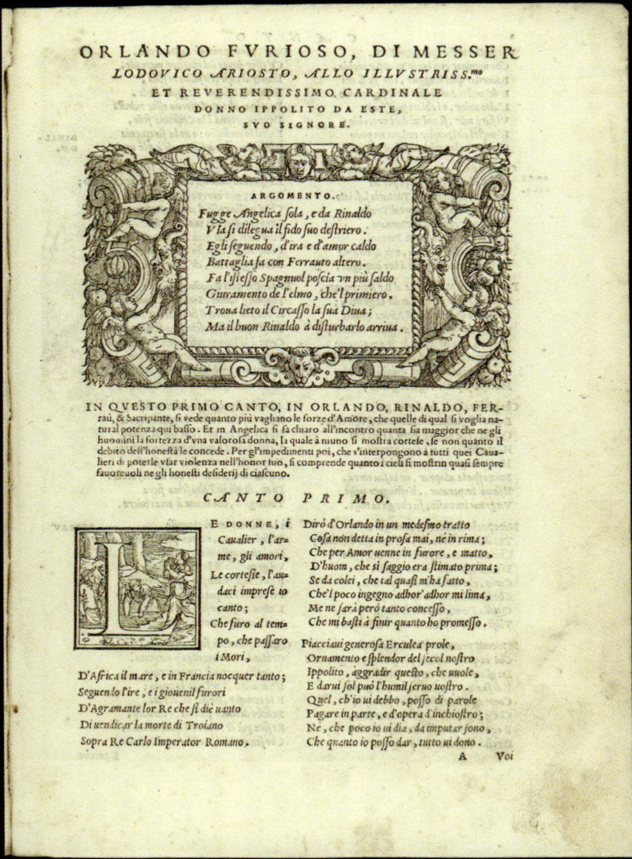
ORLANDO FVRIOSO, DI MESSER LODOVICO ARIOSTO, ALLO ILLVSTRISS.mo ET REVERENDISSIMO CARDINALE DONNO IPPOLITO DA ESTE, SVO SIGNORE.

ARGOMENTO.

Fugge Angelica sola, e da Rinaldo
Via si dilegua il fido suo destriero.
Egli seguendo, d'ira e d'amor caldo
Battaglia fa con Ferrauto altero.
Fa l'istesso Spagnuol poscia vn più saldo
Giuramento de l'elmo, che'l primiero.
Troua lieto il Circasso la suà Diua;
Ma il buon Rinaldo à disturbarlo arriua.

IN QVESTO PRIMO CANTO, IN ORLANDO, RINALDO, FERraù, & Sacripante, si vede quanto più vagliano le forze d'Amore, che quelle di qual si voglia natural potenza qui basso. Et in Angelica si fa chiaro all'incontro quanta sia maggior che negli huomini la fortezza d'vna valorosa donna, la quale à niuno si mostra cortese, se non quanto il debito dell'honestà le concede. Per gl'impedimenti poi, che s'interpongono à tutti quei Caualieri di poterle vsar violenza nell'honor suo, si comprende quanto i cieli si mostrin quasi sempre fauoreuoli negli honesti desiderij di ciascuno.

CANTO PRIMO.

LE DONNE, i Caualier, l'arme, gli amori,
Le cortesie, l'audaci imprese io canto;
Che furo al tempo, che passaro i Mori,
D'Africa il mare, e in Francia nocquer tanto;
Seguendo l'ire, e i giouenil furori
D'Agramante lor Re che si diè uanto
Di uendicar la morte di Troiano
Sopra Re Carlo Imperator Romano.

Dirò d'Orlando in un medesmo tratto
Cosa non detta in prosa mai, nè in rima;
Che per Amor uenne in furore, e matto,
D'huom, che si saggio era stimato prima;
Se da colei, che tal quasi m'ha fatto,
Che'l poco ingegno adhor'adhor mi lima,
Me ne sarà però tanto concesso,
Che mi basti à finir quanto ho promesso.

Piacciaui generosa Erculea prole,
Ornamento e splendor del secol nostro
Ippolito, aggradir questo, che uuole,
E darui sol può l'humil seruo uostro.
Quel, ch'io ui debbo, posso di parole
Pagare in parte, e d'opera d'inchiostro;
Ne, che poco io ui dia, da imputar sono,
Che quanto io posso dar, tutto ui dono.

A Voi

En haut, à gauche :
Érasme, *De Duplici copia verborum ac rerum commentarii duo* (*R. G. Neolatini* V.99, f. 2r).

En haut, à droite :
L'Arioste, *Le Roland Furieux (Orlando Furioso)*, édition publiée à Venise en 1556 (*Stamp. Ross.* 3529, f. 1r).

En bas :
Miguel de Cervantes, *Don Quichotte de la Manche*, illustré par Gustave Doré, 1893 (*Casimiri* II. 122).

donc – de l'*Institution oratoire* du rhéteur romain Quintilien. À travers des exemples tirés de son expérience d'éducateur et de la tradition pédagogique des classiques, Érasme entend enseigner l'élégance stylistique à laquelle on accède par l'équilibre des mots et des arguments rhétoriques. Cet exemplaire, édité à Lyon, en 1539, faisait partie de l'ancienne bibliothèque du Saint-Office.

La lettre déposée aux Archives offre une tout autre couleur, la Renaissance est aussi l'ère des conflits et des ruptures violentes. Érasme, comme Luther, a été formé à la *devotio moderna* ; le premier connaît les travaux du second, ainsi que ses traductions et ses éditions des Pères. Aussi l'ex-ermite de saint Augustin croit-il pouvoir rallier l'humaniste de Bâle à ses thèses ; mais Érasme est loin de les partager toutes. Lui-même déteste la polémique et refuse de rendre publics ses désaccords. De tous côtés, on le presse de se déclarer : pour les uns, son silence est un aveu de complicité ; pour les autres, un aveu de faiblesse. Il se résigne, la mort dans l'âme, à critiquer les positions luthériennes relatives à la liberté. Pour l'humaniste, cette liberté, quoique blessée, reste une voie de salut pour l'homme ; pour Luther, elle est radicalement corrompue par la faute originelle. Combien de fois ai-je dû analyser les arguments de l'un et de l'autre dans mon propre enseignement de théologie morale fondamentale ? Érasme confie sa peine et ses angoisses à son ami, Gian Matteo Giberti, évêque de Vérone et protecteur des gens de lettres, qui occupe un poste important à la Curie pontificale. On le dit faible et pusillanime, alors qu'il prêche la modération, afin de sauvegarder l'unité chrétienne : il ne veut pas, écrit-il, « porter remède à un mal en en commettant un autre ». Les intransigeants des deux bords ne le voient pas ainsi et finissent par avoir le dernier mot. Les œuvres d'Érasme, avec celles de Luther, sont brûlées publiquement à Milan en 1543 ; elles sont mises à l'index des livres prohibés en 1559.

La Renaissance signe enfin l'adieu à un monde à jamais disparu, non point « l'affreux Moyen Âge » que les Lumières ont associé à la violence et à l'obscurantisme, mais celui de la tranquille assurance des églises romanes, de la vertigineuse montée vers l'azur des verrières gothiques, des grands théologiens et de l'évidente foi de tout le peuple de Dieu, de la défense de la veuve et de l'orphelin, de la parole donnée à la dame de son choix, du sens de l'honneur, en un mot, le temps de la chevalerie. *El ingenioso Hidalgo Don Quijote de la Mancha* ne se résigne pas à cette disparition, il préfère ses rêves à la nouvelle réalité. On commettrait un contre-sens complet en faisant du chef-d'œuvre de Miguel de Cervantès, paru en 1605, un roman comique. Gustave Doré qui, par conscience professionnelle, avait voyagé jusque dans la Manche et ses environs, n'a peut-être pas su échapper tout à fait à ce risque dans ses admirables illustrations. Le burlesque aurait

Lettre d'Érasme à son ami Gian Matteo Giberti, évêque de Vérone (ASV, *A.A., Arm. I-XVIII* 1658, f. 1rv).

Scis q̄ multi sint natura mali, quos fa
me spos p̄dc̄ pellexerit ad [illegible] tuo
calūniam, rursus quos privatū odiū
ulciscerent. Libido eodem ppulerit. His no
acuunt a frustra. ut in innoxios sub u
pontificy nominis insiliant, quoslibet, cu
q̄libet levi suspitione. Nam ea nos exacerba
invidiam pontificio nominis concitatam. q
expedit ubi q̄ gratiosissimū apud omnes, et u
admittimus pro viribus ut sit plausibilius,
Satis est. eorum, qui palam facti sunt de
scriptis profitentur sese hostes Sedis Roma
e, ut non impetrantur vel innominates, vel
alis ut facile sanabiles iudicantur. Her
dare frustra moneo vir eximie, at
hi crede non sine causa moneo. Prov
D. T. oīa felicia sospitatore Christo.
lcē: 7. Id. Octobr. An. 1424.

Jul. Cesarinus Rev.
manu propria.

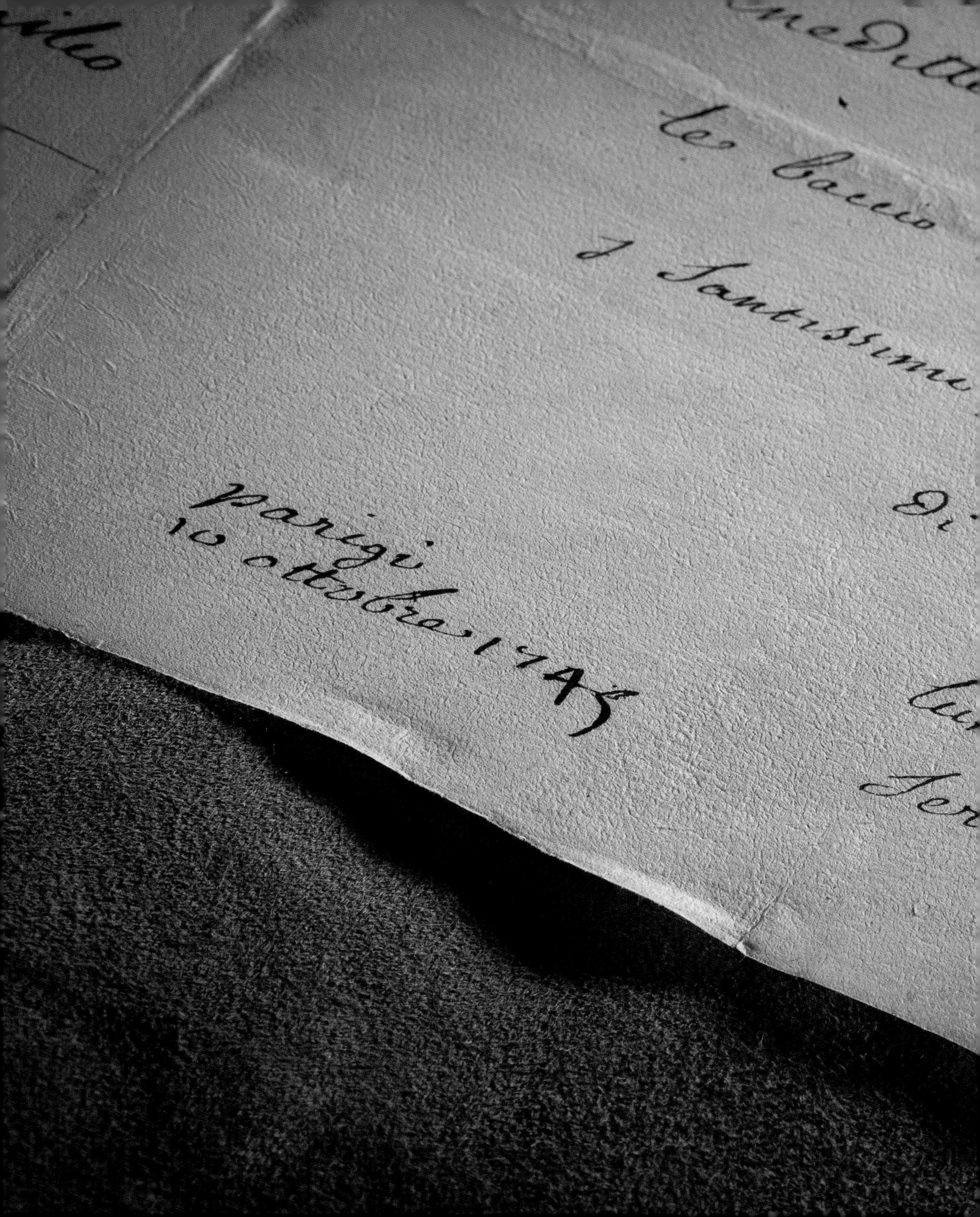
parigi
10 ottobre 1745

... tibi quem remitti ... dalla ...

... a doveva andare quando fu ...

decimo quarto

... m ogni humilità e riconoscimen...

... piedi

... vostra Santità

... l.mo devot.mo ed osseq.mo

... mo Voltaire

346

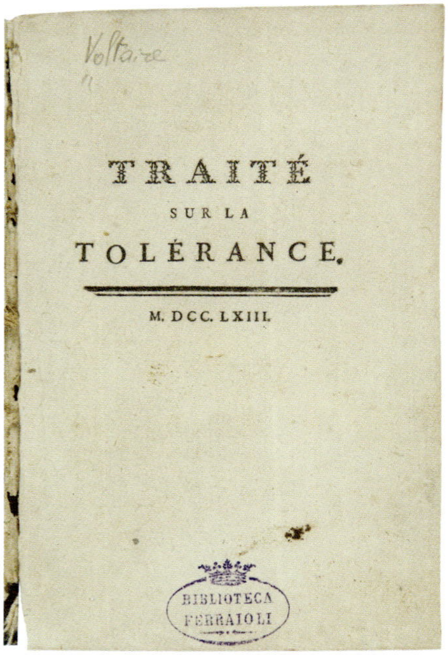

Ci-dessus :

Édition princeps du *Traité sur la tolérance* de Voltaire.

dû être transfiguré : en cette figure du chevalier à la triste figure, devenu mythe universel, c'est la mélancolie qui domine, l'élégie devant un monde défunt. L'exemplaire présenté ici est une édition romaine de 1873, en un seul volume.

⁂

Après l'élégie, l'ironie. Qui l'eut cru ? Lorsque ce coquin de Voltaire répète au long des trente volumes de sa correspondance, notamment dans ses lettres à Montalembert : « Ecrasons l'infâme ! », qui vise-t-il en réalité ? L'affaire Calas avait défrayé la chronique entre les années 1761 et 1765. Voltaire s'était engagé de toutes ses forces dans la révision du procès de Jean Calas, un protestant toulousain injustement accusé d'avoir empêché son fils de se convertir au catholicisme. L'infâme désigne alors l'Église catholique appuyée par les forces conservatrices du royaume. En 1763, Voltaire donne au public son œuvre la plus connue, avec *Candide*, la plus emblématique du siècle des Lumières, le *Traité de la tolérance* dont la BAV conserve un exemplaire de l'édition princeps. Toutefois, derrière l'infâme, le philosophe français vise l'intolérance sous toutes ses formes, ainsi que les religions dites révélées qui cherchent à imposer, avec leurs dogmes, une manière de croire déterminée. L'islam tombe sous le coup des mêmes condamnations. En 1741, Voltaire avait fait jouer une tragédie en cinq actes : *Le Fanatisme ou Mahomet le Prophète*. Les dévots de toutes sortent s'indignent, se scandalisent et accusent l'auteur de blasphémer à tel point qu'il se voit contraint de retirer la pièce de l'affiche. Ulcéré, Voltaire s'en retourne au château de Cirey et se plaint auprès de l'Europe entière du traitement qui lui est réservé. L'idée lui vient alors de dédier la tragédie à Benoît XIV, justement dénommé le pape des Lumières. Celui-ci est un fin lettré et un homme de science intéressé par la médecine. Percevant bien les dangers de son époque, il redoute que la foi chrétienne ne soit assimilée à la superstition. Il accueille donc la pièce avec reconnaissance. Voltaire qui avait toujours recherché la compagnie des grands, ne tarit pas d'éloges. Sa plume trempe sans hésiter dans l'encre de la flagornerie : « Je me trouve vraiment dans

Pages précédentes :

Lettre de Voltaire à Benoît XIV (ASV, *Segr. Stato, Principi* 239, ff. 345r-346v).

l'obligation de reconnaître votre infaillibilité en matière de littérature, comme dans bien d'autres domaines d'importance », « Parmi les souverains amoureux de littérature, les plus savants furent toujours les souverains pontifes, mais je crois qu'il n'y en eut jamais un seul capable d'orner tant de doctrine d'autant de raffinement littéraire (que Votre Sainteté) ». Le pape remercie pour l'envoi du poème *La Bataille de Fontenoy*, discute philologie latine, puis accorde sa bénédiction au déiste proclamé. Il est curieux que les récentes études consacrées au philosophe de Ferney ne fassent guère référence à une si cordiale correspondance…

À la même époque, Beaumarchais faisait dire à l'un de ses personnages qu'en France tout finissait par des chansons. La Curie romaine pratiquait depuis longtemps un genre plus sérieux : n'a-t-elle pas été pendant des siècles le centre de la musique européenne ? En évoquant dans le premier chapitre, la belle figure de Cervini, Bibliothécaire monté sur le siège de Pierre pour seulement vingt-deux petits jours, j'avais mentionné le nom de Palestrina qui avait composé la fameuse « Messe du pape Marcel ». L'un de ses prédécesseurs avait été considéré par ses contemporains comme le plus grand compositeur de son époque. Josquin de Préz (cerca 1440-1521), né dans le Hainaut, avait poursuivi une carrière ecclésiastique fructueuse ; il fut chantre au Collège de la Chapelle Pontificale pendant une quinzaine d'années (1486-1500). Son immense stature explique pourquoi Ottavio Petrucci consacra trois livres distincts à ses messes. Le *Liber primus missarum* contient six cycles de compositions dont la très connue « Messe de l'homme armé ». Petrucci lui-même (1466-1539) est considéré comme l'inventeur de l'impression musicale à caractères mobiles qui révolutionna la vie musicale du continent.

Georges-Fédéric Haendel (1685-1750) vécut deux années à Rome, au cours de sa jeunesse, invité par la famille des princes de Ruspoli. Il serait bien resté davantage dans une ville qui lui plaisait fort, mais… il n'était pas catholique ! Son contrat stipulait qu'il devait composer chaque semaine un certain nombre de pièces. Plusieurs d'entre elles avaient été égarées. Or, une récente collaboration entre les Ruspoli et la Bibliothèque permit, grâce à l'acharnement d'un couple de musicologues canadiens, U. et R. Kirkendale, d'en exhumer un bon nombre. C'est ainsi que, lors de concerts donnés en petit comité ou d'enregistrement de disques, je pus moi-même participer à des secondes « premières mondiales » de ce compositeur qui, depuis mon adolescence, est resté l'un de mes préférés.

Pour manifester leur estime et leur gratitude, les pontifes romains accordaient aux artistes méritants la décoration de l'Éperon d'Or. Le sculpteur Antonio Canova la reçut, lui qui se dépensa tellement au Congrès de Vienne pour que les œuvres de la BAV et des ASV, spoliées par les troupes napoléoniennes,

Liber primus Missarum Josquin.

Hieronymus Chiti Lateranensis Basilicæ magister Cappellæ
Ill.mo D.no Dominico Ricci dono dedit anno 1744.
Dominico inquam Ricci Magistro Cappellæ Pontificiæ [illegible]
Librum hunc ob [illegible] Particularis in auctoribus vetustis, et Impressionis [illegible].

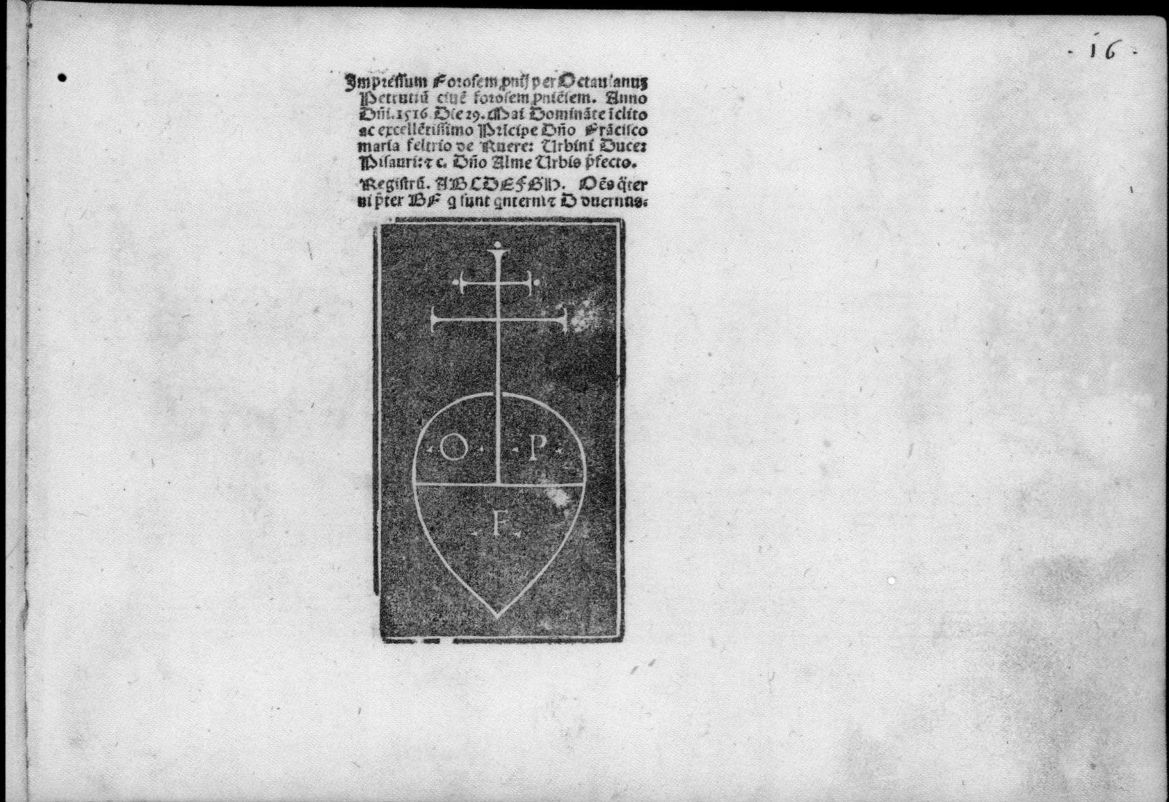
Impressum Forosem. pnii per Octauianum
Petrutiū ciuē forosem pnieñ. Anno
Dñi. 1516 Die 29. Mai Dominãte illustri
ac excellētissimo Pricipe Dño Frãcisco
maria feltrio de Ruere: Urbini Duce:
Pisauri: et c. Dño Alme Urbis pfecto.
Registrū. ABCDEFGH. Oēs quater
ni pter BF q sunt quinterni et H duernus.

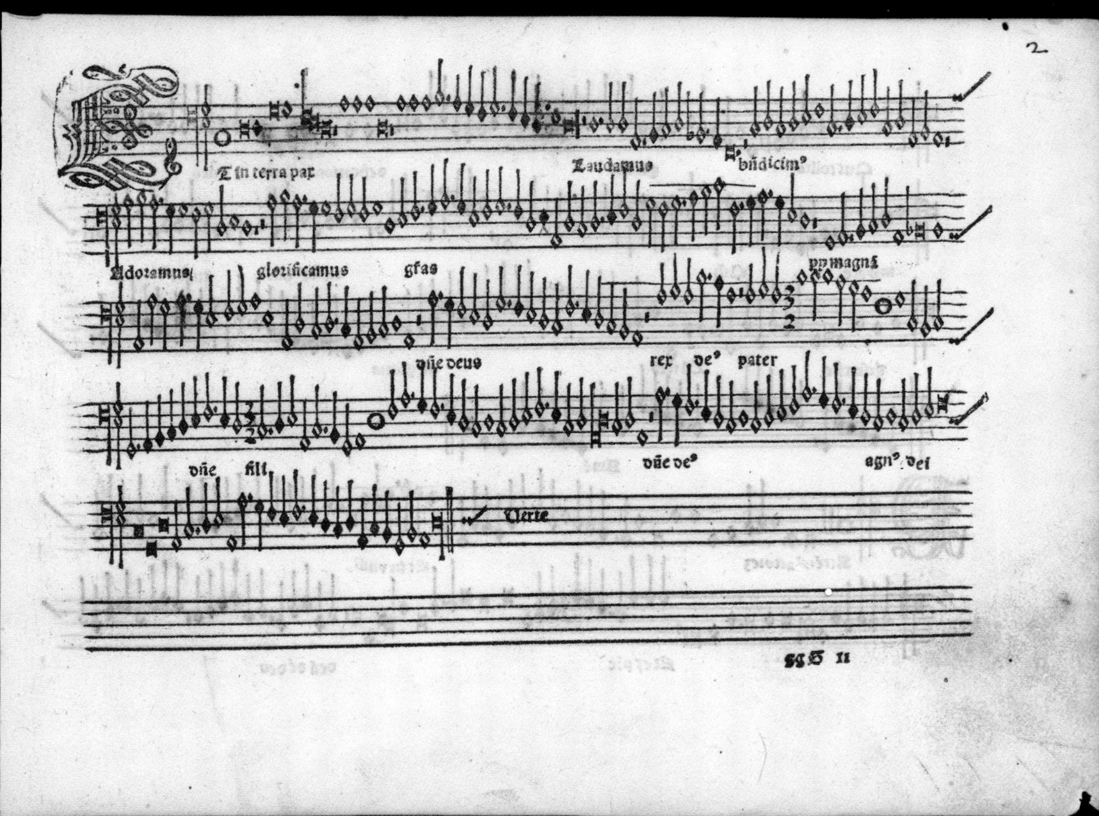

Josquin de Préz, « Missa L'homme armé super voces musicales », *Bassus*, dans le *Liber primus missarum* (*Capp. Sist.* 238, f. 1v-2r).

revinssent à leur légitime propriétaire. Les musiciens Gluck, von Dittersdorf, Sor et Donizetti en furent également honorés ; Mozart aussi, dans des circonstances qu'il vaut la peine de raconter. Très tôt, le jeune prodige avait parcouru l'Europe sous la houlette de son père. À partir de décembre 1769, à l'âge de quatroze ans donc, il découvrit l'Italie : Vérone, Mantoue, Crémone, Milan où il reçut la commande de deux opéras, Parme, Bologne où il rencontra Giovanni Battista Martini, Rome enfin, atteint le 10 avril 1770. On raconte que, lors d'une célébration liturgique au cours de laquelle se produisit la Chapelle Sixtine, l'adolescent entendit le très célèbre *Miserere* pour deux chœurs et neuf voix de Gregorio Allegri (1582-1652), chef-d'œuvre absolu. Sa diffusion hors de la Chapelle faisait l'objet d'une sévère interdiction, sous peine d'excommunication. De retour à l'auberge, alors qu'il ne disposait pas de la partition originelle, pourtant ardue, Mozart fut capable de la transcrire complètement ; il retourna le lendemain à la Chapelle pour corriger sa première esquisse. La chose se sut, attira l'admiration de plusieurs membres de la Curie, à tel point que Clément XIV tint à recevoir en audience privée l'adolescent ; il le fit chevalier de l'ordre de l'Eperon d'Or, ce dont témoigne un bref qui confondait d'ailleurs Salzbourg, lieu de naissance, avec Strasbourg. Quelques années plus tard, le jeune chevalier se fit représenter dans un tableau plutôt médiocre, où brillait le prestigieux emblème.

Les artistes de la Renaissance ne connaissaient pas la spécialisation qui caractérise l'époque moderne. Michel-Ange Buonarroti se voulait sculpteur, mais la grâce des commandes l'obligea à faire des incursions du côté de la peinture et de l'architecture. Je ne manquais pas d'évoquer en moi-même les traverses de sa vie, devant sa fresque du « Jugement dernier » qui pourtant ne réussit jamais à beaucoup m'émouvoir, à chaque fois que je me rendais à la Chapelle Sixtine du temps où l'on y donnait encore des concerts… Le 1er janvier 1547, à l'âge de 72 ans, Michel-Ange est nommé par Paul III surintendant de la construction de la basilique de Saint-Pierre. Les difficultés s'accumulent : la construction est arrêtée à la mort du pontife, le matériel confisqué, la Fabrique, composée d'une soixantaine d'experts âpres au gain, coupe les fonds… Dans une lettre adressée à l'évêque de Césène, une ville qui donnera trois papes en un siècle, il décrit la situation humiliante dans laquelle il se trouve : ses ouvriers à qui il ne parvient plus à verser de salaire sont restés sur le chantier « pour le défendre avec des munitions et autres moyens militaires, au risque de leur vie ». Le conflit ne trouvera sa solution qu'en 1550, après l'élection de Jules III. En revanche, sa poésie est gratuite, comme s'il s'agissait d'une conversation intime avec lui-même. Désir, beauté, souffrance, culpabilité et tourments de la faute : elle exprime la profondeur de la vie intérieure de l'artiste, sa recherche intellectuelle et morale, l'intensité

Bref de Clément XIV nommant Mozart chevalier de l'ordre de l'Éperon d'Or (ASV, *Sec. Brev. Reg.* 3702, ff. 24r-25r).

filio Joanni Amadeo Wolfgango Mozart

Mo S.re io mi rachomado a vostra S.ria e priego quella che mi dia 268
aiuto e cosiglio come sua gratia a facto i finit'ora
ben ch'io nol meriti; e questo è che essedo dopo la mo
rte di paolo restati i soprastanti della fabrica
di santo pietro i detta fabrica a guardarla e a
difender la munitione e l'altre cose da soldati co
pericolo della vita circa tre mesi senza provi
gione nessuna e per essere bisogniosi e no pote
re più star così mi fanno i tedere che se io no
proveggo a casi loro che gli è lor forza abadonar
detta fabrica, o de ne potre seguir danno di pa
rechi migliara di scudi. io non ò i modo a dar
loro la sua provigione né vorrei che e' segui
ssi q. che tale scandolo; po io priego vostra
S.ria che p amor di santo pietro mi cosigli quello
che ò a fare e pdoni a mia troppa prosuntione

Servidore di vostra S.ria

484

Michelagniolo

de son sentiment religieux. Dans les poèmes de jeunesse, l'inspiration vient de son jeune modèle romain, Tommasco Cavalieri, et de la poétesse Vittoria Colonna ; à partir de 1545, la méditation sur la mort, le salut et la grâce prend le dessus. L'artiste prenait des notes à la volée, écrites d'une main ferme et décidée, sur un papier de mauvaise qualité et venant de différents feuillets, multipliant les ratures et les corrections, se servant d'encres différentes, noire ou violette, avec ici et là quelques dessins... On y décèle l'influence de Pétrarque et de Dante, ainsi que des traces du courant néoplatonicien qui, avec Marsile Ficin ou Pic de la Mirandole, circulait autour de Laurent de Médicis.

Je n'avais pas su mesurer le génie du Bernin jusqu'à mon arrivée à Rome. Peu avant ma nomination, la Bibliothèque venait d'éditer un livre magnifique offrant au public quelque cent vingt dessins de lui qui, en rigueur de termes, n'avaient pas été perdus, mais reposaient dans cette multitude de cartons dont le contenu échappe peu à peu à la mémoire des gardiens du temple qui se renouvellent à chaque génération. Le hasard et l'entêtement de quelques-uns avaient fini par leur redonner la lumière : en feuilletant ces pages, puis en regardant son portrait, l'envie me vint de mieux le connaître. Les avis divergent : le dessin est-il dû à Salvatore Rosa qui l'avait bien connu, ou à l'artiste lui-même ? Peu importe finalement dans la mesure où le caractère de Gian Lorenzo Bernini est bien croqué. Le visage énergique, le regard d'un visionnaire et la chevelure ébouriffée, presque romantique, disent bien le génie de l'un des plus grands artistes de tous les temps. La colonnade de la place Saint-Pierre que je traversais tous les matins en me rendant au travail, c'est lui. Le palais Chigi devenu le siège du gouvernement italien, c'est lui. La fontaine centrale, dite des quatre fleuves, qui ornent le centre de la plus belle place de la ville, la place Navona (peut-être la plus belle place du monde), c'est encore lui. Je me surprenais alors à regretter que Louis XIV qui avait fait venir Le Bernin à Paris à grands frais n'ait retenu aucune de ses trois esquisses soumises – la seconde sur-

Lettre de Michel-Ange à l'évêque de Césène. Le peintre se plaint des difficultés rencontrées pour la construction de la basilique Saint-Pierre (ASV, *Segr. Stato Principi* 16, f. 484r).

Ci-dessus :

Autoportrait du Bernin (*Arch. Chig.* 24901).

Pages suivantes :

Rimes poétiques et croquis de Michel-Ange (*Vat. lat.* 3211, ff. 99v-100r).

[S]ignora marchesa e no par sendo io Roma che gli achadessi lascia-
re il crocifisso a mes. Tomao e farlo mezano fra vostra
Signoria e me suo servo a cio che io la serva e massimo
avendo desiderato di far piu per quella che per omo che io conoscie-
ssi mai al mondo ma la ochupatione grande i che sono stato e
sono ancora la sciato conoscier questo a vostra S. e p che io so
che la sa che amore no vuol maestro e che chi ama no dor-
me manco ancho achadeva e mezzi e ben che e paressi
che io no mi ricordassi io facevo quello che io no dicevo
p giugnere con cosa no aspettata e stato guasto el mio dise-
gno / mal fa chi tanta fe si tosto oblia

Servidore di vostra S.

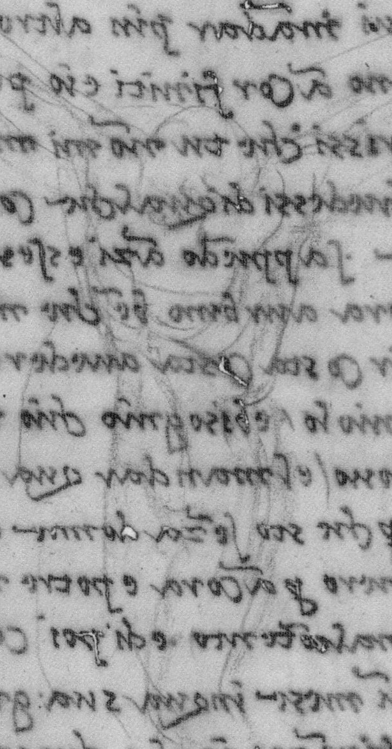

tout, la plus spectaculaire – pour la façade du Louvre, donnant finalement sa préférence au projet sec et raide, un tantinet grandiloquent, de Perrault. On peut être artiste et conserver le sens des affaires et de la justice. À peine élu, Clément IX avait choisi Le Bernin pour réaliser les dix statues d'anges qui devaient orner le pont Saint-Ange. Il s'agissait de scander un chemin de croix, chaque ange portant un élément significatif de la passion. L'artiste se concentre sur deux d'entre eux, celui qui tend la couronne d'épines et celui qui exhibe la mention INRI, laissant à ses collaborateurs le soin de réaliser les autres, selon les indications générales laissées par lui. Passant par son atelier, le pape trouve les anges si beaux qu'il propose de les mettre à l'abri dans une église de Pistoia, sa ville natale, et de ne laisser que des copies sur place. Une lettre autographe prie le majordome des Palais Apostoliques de régler cent cinquante écus au fournisseur des blocs de marbre.

Combien de pages écrites, combien d'homélies et de conférences arrivées à maturation dans la pensée, au cours de ces promenades solitaires sur les hauteurs qui dominent le Trastevere ! Marcher a toujours été la source de mon inspiration. Revenant du Janicule, il m'arrivait de passer de bons moments devant la fontaine dite « dell'Acqua Felice », l'une des plus spectaculaires d'une ville qui en compte beaucoup. D'un côté de la balustrade, un immense panorama sur Rome ; de l'autre, la fameuse fontaine. Une eau-forte, due à Alessandro Specchi (1668-1729), ne parvient pas à transcrire la magie du lieu. Sixte Quint avait ouvert le présent volume ; il est juste qu'il soit aussi le dernier pontife à y être mentionné. La fontaine a été construite en 1588 par son architecte, Dominico Fontana, au nom prédestiné, lui aussi déjà aperçu, au point où arrive l'Aqueduc Felice : il s'agissait d'alimenter en eau les quartiers alentour, ainsi que la somptueuse Villa Montalto (ou Peretti) que le pape avait acquise alors qu'il était cardinal.

En 2013, sortait sur les écrans *La Grande Belleza* du réalisateur Paolo Sorrentino. On en parlait beaucoup ; le film me déçut. Une séquence pourtant frappait l'imagination. Un touriste s'approchait de cette même fontaine : beauté des couleurs, des statues et des jeux aquatiques, beauté de l'architecture et des proportions, beauté enfin de la musique car, des deux ouvertures latérales, venaient d'entrer, portant des vêtements sombres, un chœur et des musiciens. L'ouïe et la vue portées au sublime : le touriste ravi ne pouvait que s'effondrer, ce qu'il ne manqua pas de faire. La beauté devrait-elle nécessairement foudroyer à mort ? Sorrentino le donnait à voir ; d'autres pensent de même. Je croirais plutôt qu'elle cherche à nous rendre « l'éternité si proche[*] ».

[*] Voir Jean-Louis BRUGUÈS o.p., *L'Éternité si proche*, Paris, Éd. du Cerf, 1995.

Alessandro Specchi (1668-1729), *Fontaine dell'Acqua Felice*, eau-forte (*Cicognara* VII.2779(1), tav. 404).

SIXTVS V. PONT MAX PICENVS AQVAM EX AGRO COLVMNÆ
VIA PRÆNESTINA SINISTRORSVM MVLTARVM COLLECTIONE VENARVM
DVCTV SINVOSO A RECEPTACVLO MILL. XX. A CAPITE XXIII. ADDVXIT,
FELICEM QVE DE NOMINE ANTE PONT. DIXIT COEPIT PONT. AN. I.
ABSOLVIT III. MDLXXXVIII.

Dossier historique

BIBLIOTHECA
ALEXANDRINA
PTOLEMAEVS·INGENTI·BIBLIOTHECA·INSTRVCTA
HEBRAEORVM·LIBROS·CONCVPISCIT
LXXII·INTERPRETES·AB·ELEAZARO·MISSI
SACROS·LIBROS·PTOLEMAEO·REDDVNT

BIBLIOTHECA
BABYLONICA
DANIEL·ET·SOCII·LINGVAM
SCIENTIAMQ·CHALDAEORVM·EDISCVNT

BIBLIOTHECA
HIEROSOLYMITANA
SACRORVM·SCRIPTORVM·LIBROS·HIEROSOLYMIS·CONGREGAT

Instrument éclatant de la papauté comme vecteur de sa mission apostolique, outil formidable mis au service du savoir et de l'érudition pour les chercheurs, dépôt monumental de la mémoire textuelle et iconographique de l'entière humanité, telle est la Bibliothèque vaticane. Retracer un tant soit peu son histoire requiert de l'insérer dans d'autres histoires : topographique (la Cité du Vatican), institutionnelle (la papauté, le Saint-Siège, la Curie, les Congrégations, les Missions), technique (les méthodes de classification et de conservation), humaine (les pontifes, les bienfaiteurs et les Bibliothécaires, mais aussi les visiteurs), sans oublier l'histoire universelle puisque, de sa fondation à aujourd'hui, époque après époque, la Vaticane aura vécu un permanent aller-retour entre l'actualité du monde et sa propre actualité. Voici ces diverses dimensions ici brossées à grands traits.

PRÉLUDE

LES TEMPS ANTIQUE ET MÉDIÉVAL

IVe-XIVe SIÈCLE

Avant d'avoir une histoire, la Vaticane a eu une préhistoire. Le monde antique reste empreint de la gloire de la bibliothèque d'Alexandrie, en Égypte, à la confluence du delta du Nil et des rives de la Méditerranée qui a perpétué l'ambition d'Alexandre le Grand en constituant, avec ses 700 000 volumes, le premier conservatoire des cultures de l'Œcu-

La bibliothèque d'Alexandrie (en haut), *La bibliothèque de Babylone* (au milieu), *La bibliothèque des Hébreux* (en bas) : fresques dans la Salle Sixtine.

mène, « l'ensemble du monde habité ». La destruction du bâtiment, à l'entour de 50 av. J.-C., le long déclin des collections qui s'en est ensuivi, accompagné d'autres dommages, ont imprégné les mentalités. L'Empire garde le rêve de restaurer une telle « librairie » universelle, ce sera l'Église qui l'accomplira.

Dès le départ s'entremêlent dépôt des archives et cabinet de manuscrits. À Rome, au IVe siècle, à l'époque de Constantin, le premier César converti au christianisme, les matières administratives sont traitées dans le palais impérial et réparties en trois bureaux, les *scrinia*, qui relèvent de la chancellerie : celui des libelles, celui des lettres et celui de la mémoire dit a *memoria*. Empruntant ce modèle, la chancellerie apostolique, qui occupe les locaux du palais du Latran où logent le pape et les membres de son administration, se dote d'un département qui rédige et envoie les documents pontificaux : le *Chartarium* ou *Scrinium Sanctæ Romanæ Ecclesiæ*. Sous la direction d'un *primicerius notariorum*, ou « notaire principal », l'ancêtre du *bibliothecarius*, cet office comporte des *scrinarii*, des « rédacteurs » chargés d'écrire les lettres, les bulles et de les conserver. Il accueille vite les manuscrits relatifs aux Écritures, aux dogmes ou aux liturgies que l'on entend également préserver au regard de leur importance doctrinale. Ce souci s'accroît sous le coup des invasions barbares mais, au cours de cette période tourmentée, le mouvement monastique, remodèle peu à peu la carte de l'Europe et, avec son *scriptorium* et ses copistes, assure un rôle décisif de transmission des littératures et des savoirs antiques. Au VIIIe siècle, la Renaissance carolingienne confirme le besoin d'une redécouverte des sources dont l'institution pontificale s'avère la gardienne. Rome, où l'archivage administratif n'a pas cessé, bénéficie du nouvel essor de l'industrie autographe. La fonction et le titre de Bibliothécaire sont attribués pour la première fois en 784 par le pape Adrien Ier au clerc Théophylacte dont le nom indique la provenance orientale et, sans doute, la maîtrise du grec à côté du latin, signe déjà d'une volonté de collecte universelle.

Au Moyen Âge commençant, les documents que les autorités laïques et ecclésiastiques conservent ont essentiellement trait aux possessions : ce sont avant tout des titres de propriété mais, par-là, ils contribuent au cadastre et à la géographie. Il en va de même à Rome. Le concept d'archives est alors assez large et l'on met au même rang des actes patrimoniaux et des biens de valeurs, si bien que ces documents sont versés au Trésor, une salle servant initialement d'entrepôt aux objets précieux et mis sous la direction d'un *Thesaurarius*. Dans le cas du Saint-Siège, les archives sont constituées de chartes, de correspondances et d'annales, c'est-à-dire les collections dans l'ordre chronologique des bulles et autres actes publics émis sous un pontificat. Mais le Trésor revêt aussi la vocation de recueillir les plus riches ou les plus rares des manuscrits enluminés qui consistent en codex bibliques, actes des martyrs, livres liturgiques, codes canoniques, écrits des Pères de l'Église. L'immatériel se mêle au matériel et le culturel à l'administratif. Vite, on appelle indifféremment cet ensemble les Archives ou la Bibliothèque.

Au XIIe siècle, Innocent III [Conti ; 1198-1216] développe la Chancellerie pontificale, met de l'ordre dans les pratiques, fait rassembler les archives et impose un changement de support : désormais on enregistrera les actes sur parchemin, non plus sur papyrus. Les archives fondent le pouvoir pontifical sur la primauté de la mémoire. De remisées dans une salle, elles commencent à voyager dans des malles et des coffres et accompagnent les successeurs de Pierre dans leurs déplacements volontaires ou forcés : à Lyon, dans la suite d'Innocent IV [Fieschi ; 1243-1254], pour le grand concile d'Union ; à Anagni, à la suite de Boniface VIII [Caetani ; 1295-1303] qui y trouve refuge ; à Pérouse où Benoît XI [Boccasini ; 1303-1304] les fait transférer et où elles restent dix ans. Avec l'élection du français Clément V de Got [1305-1314] le siège pétrinien se déplace à Avignon. Le pape, qui ne veut pas revenir à Rome, ordonne que l'on rapatrie une partie des archives à Carpentras, dans le Comtat Venaissin. Le reste est envoyé, avec le trésor, à Assise. Alors qu'il n'est qu'un parmi d'autres, ce transfert aura pour particularité que les archives concernées resteront sur place et ne seront à nouveau agrégées à la Vaticane qu'à la veille de la Révolution de 1789. De la même façon, la collection de Jean XXII [Duèze ; 1316-1334], autre pape français de l'exil en Provence, passera par diverses mains, dont la famille Borghèse, avant d'être réintégrée en 1891.

Le noyau originel, afférent à la période antique, ne cesse pour autant d'être enrichi lors de la période médiévale. Le nombre des manuscrits se voyant démultiplié en quelques siècles. Après le retour à Rome, l'augmentation de ce fonds est constante par le biais de commandes, de dons ou d'acquisitions. Déjà, il ne concerne pas que l'Europe mais s'étend aux autres continents. Les ambassades venues d'Orient, mais aussi d'Asie, arméniennes ou assyriennes, persanes ou mongoles, y apportent leur contribution. S'impose l'idée que la Ville éternelle, centre du monde, doit aussi être le lieu éminent d'un rassemblement planétaire des écrits de l'humanité. Toutefois les archives, les écritures et les manuscrits se trouvent dispersés en divers lieux de la ville : le palais du Latran, la Basilique Saint-Pierre, le Palatin. L'avènement de la Renaissance va précipiter leur réunion et marquer le début concret de la Vaticane.

LE TEMPS DE L'HUMANISME
XIVe SIÈCLE

Le monde

Constantinople chute aux mains des Turcs en 1453. Christophe Colomb découvre le Nouveau Monde en 1492. L'Europe clôt définitivement le Moyen Âge et, prise dans un grand retour à la culture l'Antiquité, mène à terme les mutations inaugurées par le *Quattrocento* dans les arts, les sciences, les échanges, et plus largement les représentations du monde qui vont caractériser le triomphe de la Renaissance. Il faut sauver le patrimoine antique, particulièrement grec, et combler la soif de savoir.

Rome

Fondation des Musées capitolins, alignement et pavage des voies, construction ou restauration d'aqueducs, de ponts, d'édifices religieux et construction de la Chapelle Sixtine au Vatican : Rome vit la *restauratio urbis* promue par le pape Sixte IV, dont participe la Bibliothèque.

La Bibliothèque

Au mitan du XVe siècle, il apparaît que les collections de manuscrits accumulées au fil des siècles sont disparates et dispersées. De plus, Rome, durant l'absence des papes, s'est délabrée. Le palais du Latran a été ravagé par deux incendies. Pour rendre à sa ville son lustre, et à la papauté sa grandeur, Nicolas V [Parentucelli ; 1447-1455] engage des travaux de réhabilitation du palais forteresse du Vatican, qu'avaient fait bâtir Eugène III [Paganelli ; 1153-1145] et Innocent III [Segni ; 1198-1216]. Il veut en faire la résidence des papes en lieu et place du palais du Latran. Il fait venir de nombreux savants auprès de lui et inaugure avec eux, vers 1450, le projet d'une bibliothèque, constitue un nouveau fonds grec approvisionné auprès de l'Empire byzantin, inclut les auteurs païens dans le catalogue et entreprend un vaste programme de traduction. Passant de 350 manuscrits lors de son intronisation à 1 200 lors de sa mort, l'embryon de la Vaticane constitue alors la plus grande bibliothèque d'Europe. Mais le but du pape humaniste qu'est Nicolas V n'est pas de simplement collectionner des manuscrits. Il désire créer un lieu ouvert au public et un foyer d'érudition *pro communi doctorum virorum commodo*, « pour la commune utilité des hommes de science ».

C'est à Sixte IV [della Rovere ; 1471-1484] qu'il reviendra de fonder, en tant que telle, la Vaticane. Par un bref daté du 17 décembre 1471, il commande que les dispositions soient prises « pour faciliter la construction d'un édifice destiné à abriter les bibliothèques installées dans le palais apostolique de Saint-Pierre ». Le 15 juin 1475, il confirme la nouvelle institution par la bulle *Ad decorem militantis Ecclesiæ*, « Pour l'éclat de l'Église entreprenante », en l'accompagnant de la nomination d'un Bibliothécaire et de l'octroi des ressources financières nécessaires à son fonctionnement. L'actuelle *Biblioteca Apostolica Vaticana* est née et quatre salles du palais récemment construit lui sont attribuées dont l'ornementation est confiée aux artistes Ghirlandaio, Melozzo da Forli et Antoniazzo Romano. Sixte IV multiplie les acquisitions et triple le nombre de manuscrits. Dans le même temps, il fait transférer, pour plus de sécurité, les titres de propriété du Saint-Siège au château Saint-Ange, dans *l'Archivum Arcis*, tandis que sur les rayonnages de la nouvelle institution se constitue *l'Archivum Bibliothecæ Vaticanæ*, vouée à abriter les autres documents, à commencer par les échanges diplomatiques. Toutefois, certaines archives demeurent entreposées dans la Chancellerie, dans la Secrétairerie, dans la Garde-robe, dans la Chambre apostolique et dans les autres services, sans compter celles qui sont encore à Avignon et toutes celles que les cardinaux, leurs héritiers, leurs secrétaires et d'autres intervenants gardent par-devers eux. Il reviendra aux successeurs de Sixte IV de peu à peu les réunir.

Le fonds

Les manuscrits grecs, latins et hébreux passent de 350 à environ 1 200 en 1455, à la mort de Nicolas V et à 3 498, selon l'inventaire alors dressé, en 1481, soit trois ans avant la mort de Sixte IV. Le premier fonds du Vatican est formé et va décider de l'agrégation de très nombreux autres qui viendront s'ajouter jusqu'à aujourd'hui.

Parmi les Bibliothécaires

Bartolomeo Sacchi, dit « Platina » (1475-1481). Écrivain et précurseur de la sociologie des cultures populaires, un temps inquiété pour son penchant à valoriser le paganisme, il est le premier à occuper cette charge tout en élevant la gastronomie au rang de savoir.

Bartolomeo Manfredi, dit « Aristofilo » (1481-1484).Copiste de grand talent, missionné personnellement par Sixte IV dont il a été le secrétaire, il est démis par Innocent VIII [Cybo ; 1484-1492] dès son avènement et meurt peu après.

Cristoforo Personna (1484-1485). Prieur de Sainte-Balbine, il est le traducteur du Contre Celse d'Origène à partir du manuscrit ramené de Constantinople par Martin V sur le conseil de l'érudit grec Théodore Gaza, passé à Rome.

Jérôme Pauli (1492-1495). Compatriote et camérier d'Alexandre VI [Borgia ; 1492-1503] qui manifeste lui-même un grand intérêt pour les livres, il place sous son nom diverses éditions savantes et critiques réalisées au sein de la Bibliothèque.

La figure

Giovanni Lorenzo de Dionisiis est le quatrième Bibliothécaire en titre mais il a la trajectoire la plus aventureuse de tous. Ce Vénitien, né vers 1440, mène carrière à Rome sous l'égide de l'érudit cardinal Barbo qui, le 13 décembre 1485, offre à la Bibliothèque un magnifique manuscrit des *Épîtres* de saint Jérôme le jour même où Innocent VIII nomme son protégé Bibliothécaire. Ce dernier fraie avec les Grecs de son temps en réunissant autour de lui le cercle néoplatonicien de feu le cardinal Bessarion, mort en 1472. Il devient l'ami d'Ange Politien et mène une mission diplomatique auprès de Laurent de Médicis à Florence. Mais avec l'avènement d'Alexandre VI, il devient suspect pour le clan des Borgia, tombe en disgrâce, est accusé de menées subversives et disparaît, probablement assassiné autour de l'an 1500.

La technique

Le prêt est instauré par Platina mais la configuration des salles les destinent à la consultation : pupitres, bancs et sièges à dossier sont disposés au centre d'armoires et de coffres dans lesquels les manuscrits sont distribués en rayons et attachés par des chaînettes de fer, le plus sûr moyen d'assurer leur immédiate « conservation ». La méthode de la Bibliothèque sixtine, puis vaticane, va influencer toute l'Europe.

L'événement

C'est par estime pour sa personne et afin de récompenser son labeur que le pape Jules II nomme à ce poste, en 1505, Giuliano Mattei de Volterra qui, issu de l'Ordre des frères mineurs conventuels, a été le régent, pendant 23 ans, du Tribunal de la Pénitencerie apostolique où il lui a fallu répondre à des milliers de pétitions venues de toute l'Europe. Mais à 71 ans, l'homme, fatigué et presque aveugle, ne peut être créé cardinal. Il n'occupera d'ailleurs sa nouvelle fonction que de façon honorifique, jusqu'à sa mort cinq ans plus tard. Cette distinction montre cependant que la charge de Bibliothécaire est devenue éminente.

Le visiteur

Érasme visite Rome en 1509 et s'y lie d'amitié avec l'humaniste et futur Bibliothécaire Tommaso Inghirami, dit « Phèdre ».

LE TEMPS DES CONFLITS

XVIe SIÈCLE

Le monde

La colonisation des Amériques par Cortès et sa poursuite par les Conquistadors, l'apparition de la Réforme avec Luther et son expansion avec Calvin font plus que bousculer l'ordre ancien. Sur fond des Guerres de religion, l'Église catholique riposte en convoquant le concile de Trente, en organisant les missions et en impulsant le mouvement spirituel, intellectuel et esthétique de la Contre-Réforme.

Rome

Acmé des guerres d'Italie, des troupes de lansquenets, pour la plupart luthériens, au service de l'empereur Charles Quint et commandées par le connétable Charles de Bourbon s'emparent de Rome le 20 avril 1527 et saccagent la cité. Une épidémie de peste ajoute au malheur. Mais une ville nouvelle va surgir du désastre. Un demi-siècle plus tard, Sixte V [Peretti ; 1585-1590] relève le défi. Obélisques, places, fontaines : il réaménage et embellit Rome. Surtout, reprenant le projet engagé par ses prédécesseurs, il l'achève en faisant monter le dôme de la Basilique Saint-Pierre. Pareillement, il ordonne la construction d'un nouveau bâtiment pour la Bibliothèque.

La Bibliothèque

Jules II [della Rovere ; 1503-1513], Léon X [de Médicis ; 1513-1521] et Paul III [Farnèse ; 1534-1549] poursuivent avec une assiduité particulière la politique de copie et d'acquisition de manuscrits. Paul III crée, en 1549, la charge de cardinal-bibliothécaire. Placé à la tête de l'institution, ce dernier est assisté d'un important personnel. Pour l'année 1597, la liste des employés fait ainsi état de 2 custodes, 2 correcteurs, 3 *scriptores* pour le grec, le latin et l'hébreu, 1 relieur, 1 restaurateur et 1 *scopator* (balayeur). Le nombre des collaborateurs grandira, mais l'organigramme restera le même jusqu'à Léon XIII, à la fin du XIXe siècle. Pie IV [Médicis ; 1560-1565] conçoit l'idée quelque peu utopique de rassembler toutes les archives en un dépôt central dans le palais du Vatican, et de les augmenter des copies de tous les documents de par les États pontificaux, de par l'Italie et de par le monde, livres, écritures, registres, que l'on jugerait utiles de collecter. Mais il meurt avant d'avoir mis en œuvre son projet

Sixte V est un pape moderne. Il réorganise la Curie en créant des congrégations permanentes, comme des départements, dont les cardinaux seraient les employés au sein d'une administration générale. Il engage aussi d'énormes travaux publics à Rome. Pour aménager une extension au palais du Vatican, il fait appel à son architecte, Domenico Fontana. Il s'agit de bâtir une aile transversale, qui va diviser la cour du Belvédère en deux parties, afin d'y installer la Bibliothèque dont les collections ne cessent d'augmenter. Il en résulte la démolition du grand escalier par lequel Bramante avait uni les deux parties de la cour. Au niveau supérieur de ce nouveau corps, qui est élevé en deux ans, de 1587 à 1589, sont aménagés le *Salone Sistino* et son Vestibule, achevés par Fontana en 1587 et décorés par une équipe de peintres maniéristes dirigée par Cesare Nebbia. C'est aujourd'hui encore le siège de la Bibliothèque.

La structure initiale se poursuit, partagée en trois sections pour la conservation des manuscrits grecs (*Bibliotheca graeca*), latins (*Bibliotheca latina*) et précieux (*Bibliotheca secreta*). Par la suite, sera ajoutée une salle pour la conservation des archives pontificales (*Bibliotheca pontificia*). Sixte V introduit par ailleurs une vision tout à fait nouvelle concernant les archives. Tandis que la mode est à la centralisation, il prône une approche décentralisatrice : chaque office doit conserver ses propres archives, chaque institution, dans chaque ville. Plutôt qu'un grand dépôt central, il veut établir un réseau hiérarchisé.

Le fond

Au fil du siècle, les auteurs profanes sont quelque peu délaissés au profit des Pères défendus par le concile de Trente afin d'affirmer le rôle de la Vaticane comme dépositaire de la tradition de l'Église. Au début du XVIe siècle, le pape Léon X, en se montrant particulièrement actif et en promouvant une intense politique d'acquisition a inauguré un tournant en endossant la révolution Gutenberg et en se portant acquéreur de tous les incunables sortis des presses avant 1500 : à sa suite, les ouvrages imprimés vont faire l'objet d'une attention systématique. Signe, entre autres, de cette émulation, la collection du cardinal Antonio Carafa, issu de l'une des grandes familles romaines donatrices de papes et éminent Bibliothécaire de l'époque, fait son entrée dans le catalogue général dès sa mort en 1591.

Parmi les Bibliothécaires

Tommaso Inghirami, dit « Phèdre » (1510-1516). Homme de lettres, orateur, protégé des Médicis, secondant Giuliano Maffei à la tête de la Bibliothèque dès 1505, animant les cercles humanistes de son temps, se liant d'amitié avec Érasme, il continue parallèlement sa carrière d'acteur et fait peindre son portrait par Raphaël.

Marcello Cervini (1550-1555). Mathématicien, mais aussi relieur, dessinateur, graveur, il lance et finance le premier projet d'édition imprimée des Pères de l'Église, mais forme aussi Guglielmo Sirleto, le réformateur du calendrier solaire dit « grégorien », qui lui succèdera à la tête de la Bibliothèque (1572-1585).

Antonio Carafa (1585-1591). Ami de Sirleto, traducteur et réviseur des corpus canoniques, il préside la commission établissant la Vulgate « Sixto-Clémentine » et lègue son importante collection de manuscrits antiques.

Cesare Baronio (1597-1607). Oratorien, papabile, mort en odeur de sainteté, il rédige, les *Annales ecclésiastiques*, une histoire de l'Église jusqu'au XIIe siècle en 12 tomes.

La figure

Jérôme Aléandre dit « l'Ancien », un temps invité comme professeur de lettres à la Sorbonne, devient préfet de la Vaticane le 27 juillet 1519. Bourreau de travail intellectuel, polyglotte, pratiquant le grec, l'hébreu, le chaldéen et l'arabe, il est envoyé en 1520 par Léon X comme nonce en Allemagne pour représenter le Saint-Siège lors du sacre de Charles Quint. Il intervient à la diète de Worms, où il s'affirme comme le principal adversaire de Luther et rédige l'édit impérial contre la Réforme. En 1523, Clément VII l'envoie cette fois auprès de François Ier avec lequel il est fait prisonnier à l'issue de la bataille de Pavie, en 1525, et ne se voit libéré que sur paiement d'une rançon. Par la suite, il effectue différentes missions diplomatiques, particulièrement en Allemagne, mais ne parvient pas à s'opposer à l'alliance entre les principautés allemandes ralliées au protestantisme. Le 22 décembre 1536, le pape Paul III le créé cardinal *in pectore*, « en secret », eu égard à son activité politique avant de le coiffer publiquement de la barrette *cardinalice* le 13 mars 1538.

La technique

En 1587, Sixte V crée, rattachée à la Bibliothèque, la Typographie Vaticane, service distinct de l'imprimerie administrative (la Typographie camériale). Dans le contexte post-tridentin, la Typographie travaillera à une nouvelle édition de la Bible, à l'impression du Catéchisme universel et à la diffusion des Pères.

L'événement

Le sac de Rome de 1527 cause des pertes sévères à la Bibliothèque, quoique certains des livres alors dispersés finiront par être retrouvés bien plus tard au hasard des rachats de collections de grandes familles.

Le visiteur

Montaigne visite la Bibliothèque du Vatican le 6 mars 1581 et en laisse une description détaillée dans son *Journal*. Il note particulièrement le *Sacramentaire grégorien* porté au concile de Trente ; le manuscrit des *Sermones dominicales* supposément annotés par saint Thomas d'Aquin ; un exemplaire de la nouvelle Bible polyglotte d'Anvers imprimée en huit tomes entre 1569 et 1572, dédicacé par le roi Philippe II d'Espagne au pape Grégoire XIII [Boncompagni ; 1572-1585] ; mais aussi *Le Sommaire du miroir historique* de l'époque des Ming venu de Chine.

LE TEMPS DE LA MODERNITÉ

XVIIe SIÈCLE

Le monde

Entre l'assassinat d'Henri IV en 1610 et la mort de Louis XIV en 1715, c'est la représentation du monde qui, cette fois, bascule. Le passage d'un univers clos à un univers infini que marque Galilée s'accompagne d'une affirmation de l'autonomie de la raison humaine que marque également l'émergence d'une conception nouvelle de la philosophie avec Hobbes, Descartes ou Spinoza. La floraison des arts, en littérature, poésie, théâtre, architecture, peinture, musique change le visage de l'Europe déchirée cependant par la guerre de Trente ans et la solidification de la frontière entre le Nord protestant et le Sud catholique alors qu'à l'Est prévaut désormais la Russie orthodoxe de Pierre le Grand. Plus loin, l'Amérique demeure un enjeu crucial, mais d'autres horizons s'imposent avec l'Asie et l'Afrique. Le catholicisme est au défi d'une première globalisation.

Rome

La Ville éternelle se réinvente à nouveau devient la capitale absolue du baroque, initié au cours du siècle précédent et symbolisant l'esprit de la Contre-Réforme, mais draine aussi toutes les confluences culturelles de l'esprit européen en mutation et accueille surtout les horizons lointains. De cette confluence, un savant aventurier est exemplaire. Jésuite allemand, graphologue, orientaliste, esprit encyclopédique et un des scientifiques les plus importants de l'époque baroque, Athanase Kircher, enseignant à Avignon, est nommé, en 1635, à l'initiative du pape Urbain VIII [Barberini ; 1623-1644], professeur de physique, mathématiques et langues orientales au Collège Romain à partir duquel il ne cesse de voyager. Il visite, entre autres, l'Égypte et la Chine, instruisant chaque fois des dictionnaires bilingues. Les trente-neuf livres qui composent l'œuvre de ce scientifique inventif touchent les mathématiques, l'astronomie, la musique, l'acoustique, l'archéologie, la chimie, l'optique, la médecine, sans parler des langues orientales, de la volcanologie et d'autres sujets tels que la kabbale. Faisant grande moisson de manuscrits et de livres, ce lecteur assidu de la Vaticane laissera sa collection à sa maison mère, le Collège pontifical. L'évocation de sa trajectoire et de son legs est ainsi l'occasion de replacer la Bibliothèque apostolique dans le contexte des autres bibliothèques romaines qui, en quelque façon, en représentent l'extension et la complètent.

La Bibliothèque

Son pontificat s'établissant à cheval sur les deux périodes, renaissante et moderne, Clément VIII [Aldobrandini ; 1592-1605] concentre son intérêt sur les archives de la Curie dans le but d'améliorer l'administration du monde ecclésiastique. Il fait tout d'abord aménager une grande salle dans le château Saint-Ange, à l'étage supérieur, la précédente s'avérant trop petite, et y fait déposer tous les documents utiles au Saint-Siège, certains y étant transférés depuis la Bibliothèque. Il fait aussi rapatrier des séries de documents que des particuliers, d'anciens hauts dignitaires romains, avaient conservés dans leurs palais.

Par deux brefs, du 20 décembre 1611 et du 23 février 1613, Paul V [Borghèse ; 1605-1621] fait aménager dans le palais apostolique l'appartements dévolu au cardinal-bibliothécaire et, pour les mêmes raisons de proximité, ordonne également que l'on y transfère les archives de l'*Archivum Bibliothecæ*, l'*Archivum Arcis*, de la Garde-robe, et de la Chambre apostolique. Il demeurera ainsi comme le pontife qui a créé l'Archive secrète au sens précis du terme, c'est-à-dire des archives privées des papes qui, séparées de la Bibliothèque, seront dorénavant rangées dans une pièce réservée, à côté des salles grecque et latine, et dont seuls ses successeurs pourront disposer à leur convenance. Là encore, pour ce qui est de la conservation des documents administratifs et de la pratique de leur consultation, Rome donne l'exemple aux États européens. C'est que désormais, l'importance accordée à l'archivage ne tient plus à ses seuls intérêts patrimonial ou gestionnaire, mais aux enjeux politiques qu'il peut éclairer, ce qui en fait un outil au service du pouvoir.

Tandis que les archives servent à fourbir des armes dans les querelles qui opposent la papauté aux princes, la Bibliothèque continue de s'agrandir. Ainsi, en juin 1623, sous Grégoire XV [Ludovisi ; 1621-1623], la Vaticane s'enrichit du fond de la Palatine de Heidelberg. Sous Paul V, s'opère la distinction entre l'Archive et la Bibliothèque amorcée sous Grégoire XIII, les domaines juridique et culturel impliquant des impératifs différents de classement, de dépôt, de conservation et d'accessibilité. Deux entités en ressortent et une porte fermée à clef désormais les sépare, la fonction de custode, ou « gardien » du nouveau département étant créée en 1612. Les deux métiers tendent cependant à toujours plus se différencier et si Paul V avait pensé bon de réunir le préfet et le custode en une seule personne, Urbain VIII va les séparer. Une circonstance contribue à sa décision : le théologien, canoniste et polémiste Felice Contelori, protégé de la maison Borghèse, auteur d'un grand nombre de traités historico-politiques à fonds documentaire sur les droits territoriaux du Saint-Siège, a été nommé le 27 novembre 1626, comme il se doit, à la fois préfet et custode. Le 23 juillet 1630, il est élevé au rang de commissaire général de la Chambre apostolique, en charge des finances, mais le bref de nomination lui conserve le contrôle des archives au titre de l'excellent usage qu'il sait en avoir au service de la cause pontificale. C'est ainsi que, d'implicite, la séparation en devient actée.

Les papes ne cessent pour autant d'accompagner les deux institutions. Pendant son pontificat Alexandre VII [Chigi ; 1655-1667] fait adjoindre à l'Archive les documents jusque-là gardés à la Secrétairerie d'État, le centre de gouvernement du Saint-Siège. Pour la Bibliothèque, il institue un poste dédié aux manuscrits orientaux, arabes et syriaques. Issu à son tour d'une grande famille romaine prédisposée à fournir des papes, comme parmi ses prédécesseurs Paul V né Borghèse, Urbain VIII né Barberini, ou ses successeurs Clément XI né Albani, il puise dans la Vaticane pour se constituer sa propre bibliothèque, la Chigiana. Pour beaucoup, ces fonds finiront par retourner à leur *alma mater*. Dans l'instant, si des volumes sont régulièrement distraits de la Bibliothèque, de nouveaux, et bien plus nombreux, viennent également et régulièrement combler les manques. Les imprimés y ont la part belle puisque s'agrège dans les murs du Vatican, et quand bien même soumis parfois à l'Index, tout ce qui se publie alors en Europe et par-delà.

Les fonds

S'ajoutent de notables par leur caractère exceptionnel et massif en 1602 le fonds Fulvio Orisini et en 1618, de nombreux manuscrits de l'abbaye de Bobbio. D'entières bibliothèques sont intégrées à côté du fonds proprement vatican : la bibliothèque palatine de Heidelberg en 1623, don de l'empereur Ferdinand II, la bibliothèque des ducs d'Urbino en 1657 et, en 1690, la bibliothèque de la reine Christine, chassée du trône de Suède qui en faisait également le chef de l'Église nationale luthérienne pour motif de conversion à la foi catholique. Un fort afflux de documents à caractère encyclopédique ou artistiques, dont musicaux, débute qui s'amplifiera au siècle suivant.

Parmi les Bibliothécaires

Francesco Barberini (1626-1633). Cardinal pro-français, mais aussi grand seigneur qui sera plus tard la cible de la politique de moralisation menée par Innocent X [Pamphili ; 1644-1655], avant de devenir doyen du Sacré-Collège, ce promoteur des arts fonde une riche bibliothèque ultérieurement agrégée à la Vaticane, lui apportant entre autres d'antiques manuscrits.

Antonio Barberini (1633-1646). Frère du précédent, camerlingue, il mène une carrière partagée entre Rome et la France, soutient la création des Missions étrangères et marque l'intérêt grandissant pour les nouveaux continents en enrichissant la Bibliothèque de documents asiatiques.

Lorenzo Brancati (1681-1693). Franciscain, papabile, auteur de traités ascétiques et commentateur de Duns Scot, il combat le jansénisme et renforce le catalogue théologique.

Girolamo Casanate (1693-1700). Également préfet de la Congrégation de l'Index, il fonde la Biblioteca Casanetense qu'il place sous l'autorité des dominicains et de leur couvent romain de la Minerve sis près du Panthéon et encore en activité aujourd'hui.

La figure

Leo Allatius (1586-1669) est un savant grec originaire de Chios qui a choisi de s'unir à Rome. Tour à tour bibliothécaire du cardinal Lelio Biscia puis du cardinal Francesco Barberini, tous deux grands collectionneurs de manuscrits, il est nommé custode par le pape Alexandre VII, lui-même théologien et poète. En polémiquant contre ses ex-coreligionnaires, Allatius n'en donne pas moins un panorama complet de la pensée gréco-byzantine qu'il édite, traduit et commente. Mêlé aux querelles eucharistiques de son temps, il vole au secours des religieux de Port-Royal dans leur dispute avec le théologien protestant Jean Claude. Médecin, il disserte également sur les vampires. Esthète, membre de l'Accademia degli Incogniti, le « Cercle des Inconnus », une confrérie vénitienne dédiée à la liberté de penser, il est l'auteur de *Drammaturgia*, un catalogue des œuvres italiennes de théâtre et d'opéra de son temps. À sa mort, il laisse 150 volumes d'écrits personnels, pour la plupart encore inédits aujourd'hui.

La technique

Le travail d'inventaire des manuscrits où s'est illustrée la dynastie philologique des Ranaldi (1547-1645) qui l'a commencée est parachevé à leur suite par leur disciple Fioravante Martinelli. Cette vaste entreprise donne lieu à un répertoire extensif d'un grand nombre de volumes non seulement numérotés et indexés, mais aussi annotés. Un tel catalogage est alors sans autre exemple en Europe. Elle s'accorde avec la vision organisée et raisonnée du savoir qui va prédominer.

L'événement

C'est dès le pontificat de Paul V, à l'entour de 1610, qu'est entamée la publication des premiers catalogues imprimés, là encore une première mondiale.

Le visiteur

Entre 1685 et 1688, le bénédictin français Jean Mabillon, figure déterminante dans la structuration et la transmission des savoirs, se rend en Italie, principalement à Rome où il explore la Vaticane afin de nourrir sa mission d'État qui est de réformer la bibliothèque royale.

LE TEMPS DES LUMIÈRES

XVIIIe SIÈCLE

L'histoire

Entre 1700 et 1789, l'Europe change de visage. S'ouvre partout l'ère des Lumières que les Allemands disent *Aufklärung* et les Britanniques *Enlightenment*. Ce mouvement culturel et philosophique caractérisé par l'Encyclopédisme, est aussi un mouvement politique qui conduit à l'avènement de la démocratie en Angleterre et aux États-Unis et en France à la faveur de révolutions sociales qui se veulent aussi une rupture dans la représentation anthropologique. L'articulation traditionnelle est rompue entre les ordres spirituel et temporel tandis que dans le domaine du savoir prévaut la critique du fait religieux.

Rome

Dans la seconde moitié du XVIIIe siècle, Rome s'impose comme un laboratoire pour l'Europe artistique et scientifique. La ville est devenue le lieu-carrefour du Grand Tour et l'afflux des étrangers y est constant comme massif, apportant les idées nouvelles et les sociabilités savantes des Lumières. Ces pèlerins plus culturels que cultuels se montrent soucieux aussi de recueillir les trésors accumulés depuis plus de deux millénaires dans les nombreuses bibliothèques et collections de la ville, à commencer par la Vaticane. Dans le sillage de Benoît XIV [Lambertini ; 1740-1748], les papes Clément XIV [Ganganelli ; 1769-1774] et Pie VI [Braschi ; 1775-1799], tout en condamnant le matérialisme ou l'athéisme, tentent de s'approprier les aspects les plus mesurés des Lumières, en particulier dans les champs artistique et scientifique. Réciproquement, et nonobstant l'Index, les bibliothèques des aristocrates romains, mais aussi de certains cardinaux octroient une place croissante aux ouvrages nouveaux qu'importe de Paris la librairie Bouchard et Gravier dont les étals se déploient face à Saint-Louis des Français. Mais les suites de 1793 brisent la circulation instaurée entre la Ville éternelle et l'Europe des Lumières. Le tournant en est l'aventure de Bonaparte en Italie. Malgré le traité de Tolentino signé le 19 février 1797, le général Berthier marche sur Rome, qu'il prend sans résistance le 10 février 1798. Il proclame une république romaine et exige du pape Pie VI la fin de son pouvoir temporel. Devant le refus du Souverain Pontife, les Français l'arrêtent et le 20 février, l'emmènent dans un exil qui se conclut par sa mort dans la citadelle de Valence, dans la Drôme, le 29 août 1799. Il faudra l'instauration de l'Empire et du concordat pour que se dessine un compromis entre le Saint-Siège et la France postrévolutionnaire.

La Bibliothèque

Au XVIIIe siècle, la Bibliothèque est ouverte en moyenne 2 à 3 heures par jour le matin. Le prêt, institué par Platina au XVe siècle, est maintenu tout en faisant l'objet d'interdictions temporaires successives. C'est que les collections s'enrichissent d'éléments précieux. Profitant du fort élan missionnaire qui caractérise l'époque, Clément XI [Albani ; 1700-1721] envoie des émissaires dans tout l'Orient pour ramener des manuscrits. Clément XII [Corsini ; 1730-1740] inaugure la collection numismatique. Benoît XIV [Lambertini ; 1740-1758], qui augmente le nombre des employés dédiés aux archives, crée aussi le Musée sacré tandis que son successeur, Clément XIII [Rezzonico ; 1758-1769], inaugure le Musée profane. Pour sa part, Clément XIV [Ganganelli ; 1769-1774] réunit les dépôts du château Saint-Ange et ceux du Vatican sous une même gestion tout en les maintenant en place. Il nomme à leur tête le savant Marino Zampini et, parmi ses coadjuteurs, l'abbé Gaetano Marini aux neveux et petits-neveux duquel reviendra par la suite ce poste.

Au début du pontificat de Pie VI, les dernières archives restées à Avignon sont rapatriées à Rome, et l'on crée une Salle des estampes. Mais en 1798, les troupes françaises du Directoire pénètrent dans la ville. Elles occupent le château Saint-Ange. Le préfet de l'Archive fait alors transférer le reste des documents qui y demeuraient au Vatican. La Bibliothèque est cependant marquée par l'occupation française qui impose immédiatement au pape un tribut de 500 manuscrits. Puis ont lieu de nouvelles saisies, cette fois aussi bien de manuscrits que d'incunables ou de monnaies et médailles. La Vaticane ne fait qu'entrer dans de graves tribulations qui vont s'amplifier dans les débuts du siècle suivant.

Le fonds

La politique d'acquisition se poursuit à travers l'Europe qu'illustrent particulièrement les rattachements de la bibliothèque Capponi en 1746 et la bibliothèque Ottoboni en 1748. Elle se double de la création de nouveaux départements consacrés aux objets et illustrations : numismatique, avec le *Medagliere* inauguré en 1738 par l'achat de la collection du cardinal Alessandro Albani ; lapidaire, avec le *Museo Sacro* rassemblant en 1757 les artefacts chrétiens des Catacombes et le *Museo Profano* accueillant leurs pendants séculiers ; pictural, avec le *Gabinetto delle Stampe* ouvert en 1785.

Parmi les Bibliothécaires

Angelo Maria Quirini (1730-1740). Bénédictin, archevêque de Corfou, également préfet de la Congrégation de l'Index, il est membre des académies des sciences de Vienne, de Berlin, de Russie et de l'Académie royale des inscriptions et belles-lettres.

Joseph-Simon Assemani (1740-1755). Libanais et maronite, spécialiste de grammaire et de liturgie syriaque, recenseur, transcripteur et traducteur des manuscrits orientaux et arabes, il mène plusieurs campagnes de collecte notamment en Égypte et en Syrie avant que son neveu, Étienne-Évode Assemani, ne lui succède à tête de la Vaticane.

Dominico Silvio Passionei (1755-1761). Vice-bibliothécaire sous les ordres de Quirini, membre de l'Académie royale des inscriptions et belles-lettres, opposant des Jésuites, défenseur de Montesquieu mis à l'Index, il entreprend une campagne de restauration des manuscrits anciens et lègue son impressionnante collection de livres à l'université romaine et dominicaine de l'Angelicum,

La figure

Benedetto Pamphili (1704-1730). Issu d'une grande famille romaine habituée à produire d'importantes carrières ecclésiastiques, il est le neveu du cardinal Girolamo Phamphili, l'un des arrière-petits-fils du pape Borgia et lui-même l'oncle du cardinal Camillo Cibo, prélat réformiste qui sera nommé patriarche latin de Constantinople sans jamais pouvoir rejoindre son siège sous domination ottomane. Entré dans la vie consacrée en tant que hiéronymite, c'est-à-dire frère de l'Ordre de Saint-Jérôme, branche ibérique et contemplative, un temps prieur de l'Ordre de Saint-Jean de Jérusalem sans quitter Rome, Benedetto Pamphili sera à la fois préfet de la Vaticane et du tribunal suprême de la Signature apostolique, la juridiction la plus importante du Saint-Siège. C'est pourtant en mécène des arts, notamment de la musique, qu'il se distinguera en allant jusqu'à se faire l'auteur des librettos d'œuvres de Scarlatti et de Haendel.

La technique

L'encyclopédisme dominant incite à un nouveau catalogage complet et méthodique de la Vaticane que les Assemani projettent d'établir en 21 volumes et dont trois et demi verront le jour de leur vivant.

L'événement

« Un Allemand vient d'arriver dans la ville, qui est un excellent joueur de clavecin et un compositeur. Aujourd'hui, il a fait montre de son talent en jouant de l'orgue à Saint-Jean-de-Latran à l'admiration de chacun », note-t-on dans les éphémérides de l'année 1707. Le luthérien Haendel est accueilli amicalement par la haute-société ecclésiastique et artistique de Rome. L'opéra étant temporairement interdit, il compose au printemps un oratorio, *Le Triomphe du temps et de la désillusion*, qu'il reprendra plus tard sous le titre *Le triomphe du temps et de la vérité*, dont le livret est écrit par le cardinal Benedetto Pamphili. C'est dès l'été que l'œuvre, et sa fameuse aria « Lascia la spina », est jouée au palais du cardinal Pietro Ottoboni, ami du précédent, mécène et collectionneur des arts dont la bibliothèque viendra, peu après à sa mort en 1740, abonder la Vaticane.

Le visiteur

Bénédictin, inventeur de la paléographie moderne, proche de Bossuet et de Du Cange, éditeur des Pères de l'Église avec l'Académie des Bernardins, Bernard de Montfaucon voyage en Italie entre 1698 et 1701. Accueilli chaleureusement par le pape Innocent XII, il se trouve cependant mis en compétition d'autorité savante avec Lorenzo Zaccagni, custode de la Bibliothèque vaticane, se mêle personnellement des luttes contre les jésuites et, dépité par la complexité des mœurs romaines, doit rentrer en France.

LE TEMPS DES RÉVOLUTIONS

XIXE SIÈCLE

L'histoire

Le siècle qu'ouvrent les guerres napoléoniennes sera celui de toutes sortes de conflits, militaires, mais aussi politiques, économiques, sociaux et idéologiques. Ce temps se singularise par l'annonce de la mort de Dieu en Europe, de la divinisation du progrès sur le Vieux-Continent et de l'essor de la colonisation du reste du monde par l'Occident. Les avancées de la raison scientifique entraînent une ère positiviste qui a sa part de combat antireligieux mais aussi d'effervescence spiritualiste, laquelle n'épargne pas le socialisme alors conquérant. Le champ historique se divise entre réveil des peuples et renforcement des autocraties, cette opposition parmi d'autres préfigurant l'apocalypse que représentera la Première Guerre mondiale. Ce qui fera dire que le XIXe siècle aura en fait duré de 1789 à 1918. Cette longue période, si ce n'est interminable au regard des échos qu'elle continue à propager encore aujourd'hui, met en fait le christianisme au défi de répondre de sa propre cohérence face à une vague critique comme il en avait jamais connue.

Rome

Un an après la mort de Pie VI en terre française, Napoléon, devenu empereur, appuie l'élection de Pie VII [Chiaramonti ; 1800-1823] et, en gage de bonne entente, tous deux signent, en 1801, le Concordat. Mais les deux hommes ne tardent pas à se brouiller. En 1809, Napoléon annexe les États pontificaux à l'Empire, privant la papauté de son pouvoir temporel. Pie VII l'excommunie. En 1811, le prince fait arrêter le pontife qui, placé en exil, se retrouve prisonnier dans l'île de la Cité jusqu'en 1812. Waterloo et le Congrès de Vienne, en 1815, permettent son retour à Rome mais le déclin de la puissance papale continue son train. Célébré en 1848 comme le « pape des droits de l'homme », Pie IX imprime, face à la montée des hostilités contre le siège pétrinien, un tour conservateur à son long pontificat. Alors que les États de l'Église un à un disparaissent, le Syllabus, anathématisant la modernité, est promulgué en 1864 et le concile Vatican I, qui proclame l'infaillibilité, se tient en 1871. Face à l'état de tension qui en résulte, Léon XIII, qui a un tempérament ouvert et qui veut rompre avec l'isolement auquel le condamne une réclusion forcée dans les murs du palais apostolique, entame, à partir de 1878, une politique de réconciliation politique dont les maîtres-mots sont la doctrine sociale et la modernisation savante.

La Bibliothèque

En 1810, les archives du Saint-Siège, à la suite de celles des Habsbourg d'Autriche et des Bourbon d'Espagne et des principautés italiennes, sont transférées à Paris. Les archivistes du Vatican suivent les 3 239 grosses caisses du convoi et composent, une fois arrivés dans la capitale française, l'essentiel de la commission italienne chargé de recenser les pièces transalpines. Parmi eux, se trouve le coadjuteur Gaetano Marini, auteur de la première histoire de ce mémorial multiséculaire fait de papyrus, parchemin et papier : *Memorie Storiche degli Archivii della Santa Sede*. Le 9 mai 1811, la Bibliothèque vaticane est déclarée propriété de la couronne et placée sous la surintendance du comte Daru. Mais en avril 1814, Napoléon, vaincu, abdique. Le comte d'Artois autorise immédiatement le retour à Rome de quelques caisses dont, règle de discrétion entre les familles royales européennes oblige, celles concernant la dispense de mariage d'Henri VIII ou la conversion de Christine de Suède. Puis, le 24 juillet 1817, intronisé Louis XVIII, il décrète le retour de toutes les archives à Rome. Le transfert sera l'œuvre du neveu de Gaetano Marini, Marino Marini. Après le rétablissement de Pie VII, en juin 1815, les manuscrits dérobés par les troupes révolutionnaires françaises, exceptés trente-six d'entre eux, sont restitués. De nombreux manuscrits allemands du fonds Palatin sont cependant rendus par Paris à l'Université de Heidelberg, où ils avaient été saisis à l'intention de la Bibliothèque pontificale par les forces catholiques durant la guerre de Trente ans.

Le 20 septembre 1870 sonne le glas des États pontificaux et, tandis que le pape et la curie se replient à l'intérieur des murs de la cité du Vatican, les Bibliothécaires entament un long travail de réappropriation. Peu à peu, ils rapatrient les diverses collections privées que les grandes familles pontificales avaient édifiées aux dépens de la Bibliothèque : la Borghèse en 1891, la Barberini en 1902, la Chigiana en 1922 et, pour partie l'Albani, malheureusement dispersée entretemps. Plus généralement, ces années difficiles marquent un tournant dans l'appréhension des archives que l'on ne conçoit plus comme étant au service du pouvoir, mais servir dorénavant les historiens.

C'est dans cet environnement qu'en 1881, le pape Léon XIII [Pecci ; 1878-1903] ouvre les réserves du Vatican à la libre consultation des chercheurs, avec pour limite temporelle 1815 et le congrès de Vienne. Il y va là encore d'une révolution dans les mœurs étatiques et administratives qui ne sera pas moins suivi ailleurs. Le même Léon XIII engage un important programme de renouveau : réforme structurelle de l'établissement ; développement d'une politique de publications savantes ; déploiement des travaux de catalogage ; accroissement des collections. Il entreprend également de nouveaux aménagements en organisant, au-dessous du Salone Sistino, la Sala Leonina qui est aujourd'hui la salle de consultation des imprimés et des fichiers. Y sont alors transférés les quelques 185 000 volumes imprimés soustraits à l'accès direct sous Grégoire XVI (1831-1846) et remisés dans les appartements Borgia. En 1890, le laboratoire de restauration est créé, mettant à profit les techniques les plus innovantes de conservation. En 1900, le premier volume de la collection savante Studi e Testi est publiée.

Les fonds

Au début du XIXe siècle, arrivent les premiers papyri égyptiens. D'abord encadrés, ils seront déposés par Grégoire XVI [Cappellari ; 1846-1831] dans le nouveau musée égyptien créé en 1839 : c'est là que Champollion en préparera les éditions princeps. Après les spoliations et restitutions, les acquisitions se poursuivent. L'achat du fonds Borghèse est réalisé en 1892. L'année 1902 est faste : elle voit l'entrée du considérable fonds Barberini, manuscrits et archives, qui accroît significativement la richesse de la Vaticane. Dans le même temps, la collection de la Congrégation Propaganda Fide incorpore le fort ensemble asiatique qu'a commencé de rassembler le cardinal Stefano Borgia à la fin du XVIIIe siècle et que sa famille n'a cessé d'amplifier. S'y ajoute le transfert des manuscrits de la Chapelle Sixtine.

Parmi les Bibliothécaires

Luigi Lambruschini (1834-1853). Barnabite, chassé de la Ville éternelle en 1798 par les troupes napoléoniennes, de Paris par la Révolution de juillet 1830, du Vatican de 1848 à 1850 par la Révolution romaine, il représente la faction conservatrice et s'oppose à la modernisation des États pontificaux tout en préservant la Bibliothèque.

Angelo Mai (1853-1854). Philologue de réputation universelle, d'abord responsable de la bibliothèque ambrosienne à Milan, il publie des textes anciens jusque-là inconnus en utilisant des procédés chimiques pour analyser les manuscrits.

Alfonso Capecelatro di Castelpagano (1890-1912). Oratorien, né à Marseille, historien de l'Église, auteur de traités spirituels et pastoraux, polémiste contre Renan, il entretient une correspondance avec Dupanloup, Montalembert et prend part à la querelle moderniste.

La figure

Jean-Baptiste-François Pitra (1869-1879). Ce Français qui, après le séminaire et l'ordination sacerdotale, choisit de se retirer dans l'ordre bénédictin à Solesmes, sera, à rebours de sa vocation de solitaire, un grand voyageur et un prince de l'Église. De même, cet helléniste, théologien et traducteur, collaborateur de l'abbé Migne, le compilateur de la première et monumentale patrologie grecque, en 161 volumes, et de la patrologie latine, en 221 volumes, se retrouvera mêlé aux luttes diplomatiques de son temps. Après avoir parcouru l'Europe séjourné et étudié en Russie, il promeut le dialogue avec les Églises orientales et dote la Vaticane d'un puissant fonds à cet effet.

La technique

Du *De republica* de Cicéron, on ne connaît alors que la conclusion annexée au *Commentaire au Songe de Scipion* de Macrobe et quelques passages fort courts cités par des auteurs ultérieurs. En 1818, le cardinal Angelo Mai en identifie une partie conséquente dans un palimpseste d'un ouvrage de saint Augustin, référencé Vaticanus Latinus 5757, copié au début du VIIIe siècle sur les pages lavées et grattées d'un codex du IVe siècle qui contenait ledit ouvrage. Grâce à des réactifs chimiques employés comme révélateur, Mai parvient à déchiffrer par-dessous le texte d'Augustin de nombreux fragments du *De Republica* et en produit une première édition commentée en 1822.

L'événement

Le 18 août 1883, Léon XIII établit institutionnellement la publicité de la Vaticane, jusqu'alors ouverte de fait à des milliers de chercheurs venus du monde entier comme en témoignent les demandes d'accès et de consultation que conservent les registres de la préfecture.

Le visiteur

« Il est singulier de voir le chef d'une religion qui voudrait anéantir tous les livres avoir une bibliothèque. » C'est par cette pirouette, qu'il consigne au cours de ses *Promenades dans Rome*, que l'apôtre français de la libre pensée et de l'aventure individuelle sort de la Bibliothèque pontificale. Stendhal étouffe l'amertume que cause en son tréfonds le soufflet que Mgr Angelo Maï a infligé à sa « curiosité », et sans doute faut-il entendre son génie, lorsqu'avec « impolitesse » ce dernier lui a « refusé l'exemplaire de Térence, célèbre à cause des miniatures ». Non sans ajouter que ce « grossier *monsignor* » sera bientôt fait cardinal car, au regard du système curial, immanquablement, « les plaintes des étrangers » ne manqueront que « hâter son avancement ». Soit une sorte de cri d'amour dépité envers la Vaticane !

LE TEMPS DES TOTALITARISMES

XXe SIÈCLE

L'histoire

Le siècle de la mort de l'homme suit le siècle de la mort de Dieu. Verdun, Stalingrad, Hiroshima, le Goulag, Auschwitz, le Cambodge, le Rwanda : l'enchaînement meurtrier de la Première puis de la Seconde Guerre mondiale, du nazisme puis du communisme, du nucléaire militaire puis de la guerre froide, de la décolonisation puis des guerres civiles mènent le monde au bord du gouffre. Avec la chute de l'Empire soviétique, en 1989, les plus optimistes ont cru bon d'annoncer la fin de l'histoire, une planète apaisée, une humanité réconciliée. Mais l'espoir d'une « mondialisation heureuse » s'efface vite derrière le basculement du conflit entre l'Est et l'Ouest en opposition entre le Nord et le Sud, sur fond de l'essor des fondamentalismes religieux. Les cultures chavirent tandis que croît l'emprise de la technique, de l'industrie et du relativisme et l'avenir même de la Terre ne semble plus assurée.

Rome

En réponse à un monde déboussolé, le pape Jean XXIII [Pacelli ; 1958-1963] convoque en 1962 le concile œcuménique de Vatican II qui se clôt en 1965. Cette assemblée internationale refait de la Ville éternelle le carrefour de l'universalité. C'est l'un des événements les plus considérables de l'histoire contemporaine selon le Général de Gaulle puisqu'il concerne la relation même du premier des corps religieux en nombre de fidèles, présent sur les cinq continents, à la difficile question d'un futur commun et viable pour l'ensemble des êtres humains. Mais cette réunion au long cours d'évêques et d'experts venus de tous les horizons, restaure aussi le prestige du Saint-Siège, pourtant désormais physiquement réduit à la cité du Vatican. Rome reste une caisse de résonnance des grandes mutations comme le montrera le pontificat de Jean Paul II. L'élection en 1978 du premier pape non-italien depuis des siècles et venu de l'Est, de l'autre côté du Rideau de fer, préfigure la chute du Mur de Berlin en 1989. En 2013, l'élection de Francois [Bergoglio], premier pape cette fois non-européen depuis Pierre et venu d'Amérique latine, en ayant franchi les océans, confirme cette vocation retrouvée.

La « question romaine » qui a commencé en 1870, avec la volonté d'annexion du royaume d'Italie, prend fin avec les accords du Latran qui, en 1929, assurent à la papauté son indépendance et ses droits, mais aussi sa liberté de circulation ainsi qu'en atteste la percée de la Via della Conciliazione, la « rue de la Réconciliation », qui relie le château Saint-Ange à la place Saint-Pierre. Si la ville est occupée par l'Allemagne à partir de 1943 et les Alliés à partir de 1944, la Cité du Vatican reste libre au bénéfice de la politique de neutralité conduite par Pie XII qui tâche par ailleurs de limiter les bombardements et s'essaie, autant qu'il est possible à l'encontre d'une fausse polémique néanmoins répandue, à soustraire les Juifs romains à la persécution nazie. La Ville éternelle sera également éprouvée par la vague terroriste au cours des « années de plomb », la décennie 1970, qui marquera particulièrement Paul VI [Montini ; 1963-1978]. La mort subite de Jean Paul Ier [Luciani] le 28 septembre 1978, trente-trois jours après son élection le 26 août, l'attentat sanglant du turc Mehmet Ali Ağca contre Jean Paul II le 13 mai 1981 puis, le 11 février 2005, l'annonce dramatique de la renonciation de son successeur, Benoît XVI [Ratzinger ; 2005-2013], le pontife allemand et le dernier pape européen au regard de sa hauteur intellectuelle, feront que les caméras du monde entier ne cesseront d'être braqués sur la place Saint-Pierre. Une attention que ne démentiront pas les réformes entreprises par le pape François.

La Bibliothèque

Sous Pie XI, le déménagement de la Typographie permet le transfert de la salle de lecture des manuscrits au même étage que la salle de consultation dans l'aile en retour sur le Cortile. Les manuscrits quittent le *Salone Sistino* et les galeries transversales pour de nouveaux magasins situés au-dessus de cette salle. En 1922, sont attribués à la Bibliothèque les chambres de l'appartement des Borgia, puis les espaces des écuries et des laboratoires des mosaïstes. En 1980, un bâtiment neuf, adossé au bras oriental de la Bibliothèque et qui la prolonge à l'extérieur du Vatican, accueille le service de catalogage du département des imprimés, de nouveaux bureaux destinés aux *scriptores* ainsi que le matériel et le personnel du récent service informatique, tandis qu'un nouveau dépôt de manuscrits est inauguré en sous-sol. En 1992, une seconde salle de consultation des imprimés, sous la *Sala Leonina*, réservée aux périodiques, est aménagée. Mais les adaptations sont aussi immatérielles. Préfet depuis 1895 et jusqu'en 1914, le Jésuite Franz Ehrle joue un rôle important dans la fixation des normes particulièrement exigeantes en termes de description du catalogage ; c'est lui encore qui organise la salle de consultation actuelle, dans les nouveaux locaux aménagés par Léon XIII. Les relations internationales s'amplifient et s'ensuit, après 1945, l'adoption pour les imprimés du fichier des *Library of Congress Subject Headings*.

Les fonds

Après la Première Guerre mondiale, outre l'important fonds Chigi entré en 1923, suivi des archives Chigi en 1944, d'autres sont issus de legs de particuliers ou du dépôt de collections ecclésiastiques : fonds Rossi en 1921, du chapitre de Saint-Pierre en 1940, de Patetta en 1945. S'y ajoutent les 25 000 autographes de la collection Ferrajoli entrés en 1926. Mais la politique d'acquisition se poursuit tout au long du XXe siècle, dont parmi les dernières, l'entrée en 1996, de deux *codices* latins en parchemin, un rouleau calligraphié chinois contemporain et des manuscrits musicaux de Pietro Ravalli.

Entre-temps, au plus fort de la Seconde Guerre mondiale, la Vaticane aura donné asile à d'importantes bibliothèques, comme celle de l'abbaye de Monte Cassino, ainsi épargnée du déluge de feu et d'acier ayant marqué la bataille éponyme.

Dans la suite de Léon XIII, les papes Paul VI, Jean Paul II, Benoît XVI et François n'auront cessé d'ouvrir l'Archive secrète aux chercheurs en histoire qui ont ainsi accès, depuis le 4 mars 2019, à l'ensemble des documents relatifs au pontificat de Pie XII et à sa relation contestée au génocide des Juifs d'Europe. Parallèlement, des transformations techniques incessantes s'opèrent : le microfilmage des manuscrits est réalisé au cours des années 1950, donnant lieu à l'annexe américaine de la Vaticane qui les abrite, la *Pius XII Memorial Library* à Saint Louis, dans le Missouri ; à la fin des années 1970 est fondé le département des Archives, Sezione Archivi ; en 1984, une nouvelle réserve est construite pour les manuscrits sous la cour intérieure ; en 1999, les musées des objets sacrés et profanes sont rattachés aux musées du Saint-Siège afin de singulariser l'activité propre de la Bibliothèque.

Parmi les Bibliothécaires

Francis Aidan Gasquet (1919-1929). Anglais, bénédictin, chercheur, président de la Commission pontificale pour la révision du Vulgate, il reçoit, en 1924, le roi George V d'Angleterre et la reine Mary dans la Bibliothèque du Vatican.

Franz Ehrle (1929-1934). Allemand, jésuite, théologien thomiste, professeur à l'Institut biblique pontifical et maître d'œuvre de la Léonine, il organise les archives et modernise la Bibliothèque.

Giovanni Mercati (1936-1957). Érudit aux intérêts multiformes, considéré comme « le prélat le plus cultivé du siècle », il se fait le protecteur de l'Europe savante lors de la montée du nazisme en transformant la Bibliothèque en refuge.

Eugène Tisserant (1957-1971). Français, orientaliste, président de la Commission biblique pontificale, engagé contre le nazisme, diplomate, facilitateur dans les affaires de l'unionisme, du Sillon, du néothomisme, du modernisme et de la laïcité, conservateur puis vice-préfet avant de devenir Préfet, il marque le passage à Vatican II et l'ouverture de la Bibliothèque au monde contemporain.

La figure

Achille Ratti, Bibliothécaire de l'Ambrosienne depuis 1907, nommé vice-préfet de la Vaticane en 1912, préfet en 1914, monte sur le trône pontifical sous le nom de Pie XI (1922-1939). Il sera, à travers ses encycliques, le pape de l'antitotalitarisme, condamnant coup sur coup le communisme en 1931 et le nazisme en 1937. Sa connaissance de l'établissement, tout comme ses compétences particulières et inclinations personnelles, lui font mener une vaste politique de modernisation de la Bibliothèque.

La technique

Au cours des années 1980-1990, sous l'égide du Préfet Leonard E. Boyle, le catalogage manuel est définitivement remplacé par le catalogage électronique par conversion des anciens fichiers.

L'événement

Eugène Tisserant, alors *scriptor* pour les langues orientales, est envoyé en 1927 en mission aux États-Unis et au Canada. Il y observe, teste et choisit du mobilier de conservation métallique installé dès 1928.

Le visiteur

Philosophe, spécialiste du néo-platonisme, professeur à la Sorbonne avant d'être reçu à l'Académie française, Jean Guitton est l'ami intime de Giovanni Battista Montini, prélat italien à la formation française dont la carrière est si ascendante qu'elle le mènera à occuper la chaire de Pierre. C'est à la Vaticane que, lors d'un long séjour romain, il prépare ses rencontres avec ce dernier qui donneront lieu au premier des livres d'entretien jamais accordé par un pape. Ses *Dialogues avec Paul VI* paraîtront en 1967, à la veille du grand embrasement de Mai.

ÉPILOGUE

LE TEMPS D'AUJOURD'HUI LA MONDIALISATION

Ce sont des efforts conscients pour dessiner son futur qu'entreprend sans cesse la Vaticane en ce début de troisième millénaire. En septembre 2002, la nouvelle salle des périodiques, où les usuels sont à la disposition immédiate des lecteurs sur des rayonnages ouverts, est inaugurée. En juillet 2007, la Bibliothèque ferme pour trois ans, en raison d'importants travaux de restructuration du bâtiment et de restauration des fresques pour un coût total de 25 millions d'euros. Le personnel en profite pour accélérer l'informatisation de l'ensemble des catalogues et procéder à la reproduction de certains manuscrits. Chaque livre a été équipé d'un dispositif électronique pour le retrouver facilement. La Bibliothèque rouvre le 20 septembre 2010. Parallèlement, commence un vaste processus de numérisation et de mise en ligne qui place la Vaticane à la pointe des nouvelles technologies.

Outre le numérique, l'internationalisation bat son plein à partir de 2012 : la Vaticane bénéficie de divers accueils à l'étranger pour se réinventer hors les murs à l'occasion de grandes manifestations culturelles où elle montre à la fois ses trésors et ses savoirs. Grâce à cette nouvelle impulsion qui la fait entrer de plain-pied dans la globalisation, par la double pratique du « glocal », le maillage immatériel et l'implantation locale, elle se révèle plus que jamais un outil diplomatique au service du Saint-Siège, mais aussi en faveur du dialogue des cultures pour conjurer le spectre d'un choc des civilisations. C'est ainsi que la Bibliothèque monde contribue à humaniser la mondialisation.

Crédits photographiques

Imprimé en France

N° d'imprimeur : 19100224
Achevé d'imprimer : octobre 2019
Dépôt légal : novembre 2019